MARCO ⊕ POLO

PORTUGAL

Sechs Symbole sollen Ihnen die Orientierung in diesem Führer erleichtern:

für Marco Polo Tips – die besten in jeder Kategorie

für alle Objekte, bei denen Sie auch eine schöne Aussicht haben

für Plätze, wo Sie bestimmt viele Einheimische treffen

für Treffpunkte für junge Leute

(A1)
Koordinaten für die Übersichtskarte

Die Marco Polo Route in der Karte verbindet die schönsten Punkte von Portugal zu einer Idealtour.

Diesen Führer schrieben Alois Weimer und Britta Weimer-Langer. Alois Weimer unterrichtete sieben Jahre an der deutschen Schule in Porto und an der Universität von Braga. Seine Tochter Britta wuchs in Portugal auf und studierte in Lissabon. Die Marco Polo Reihe wird herausgegeben von Ferdinand Ranft.

MAIRS GEOGRAPHISCHER VERLAG

MARCO🌐POLO

Für Ihre nächste Reise gibt es folgende Titel dieser Reihe:

Die Marco Polo Redaktion freut sich, wenn Sie ihr schreiben:
Marco Polo Redaktion, Mairs Geographischer Verlag
Postfach 31 51, D-73751 Ostfildern

Unsere Autoren haben nach bestem Wissen recherchiert. Trotzdem schleichen sich manchmal Fehler ein, für die der Verlag keine Haftung übernehmen kann.

Titelbild: Nazaré (Visum/Rautert)
Fotos: Baumli (6, 29, 46, 91); Kallabis (60); Lade: Thompson (24); Langer (82);
Mauritius: Bordis (50), Dumrath (16), Eichhorn, Zingel (42) Fagot (70), Gontscharoff (23),
Mayer (84), Messerschmidt (64), Nebe (12), Rossenbach (4, 20, 26, 79), Susan (30, 76),
Thonig (15, Umschlagklappe vorn), Vidler (28, 36, 45, 55, 69); Weimer (34)

7., aktualisierte Auflage 1997
© Mairs Geographischer Verlag, Ostfildern
Lektorat: Nikolai Michaelis
Gestaltung: Thienhaus/Wippermann (Büro Hamburg)
Kartographie: Mairs Geographischer Verlag
Sprachführer: in Zusammenarbeit mit Ernst Klett Verlag für Wissen und Bildung GmbH,
Redaktion PONS Wörterbücher

Printed in Germany
Gedruckt auf 100% chlorfrei gebleichtem Papier

INHALT

Entdecken Sie Portugal !

*Das Land der Entdecker
am Westrand Europas – sonnige Küsten,
maurische und christliche Kunst*

Portugal ist seit 1986 in der EU, und noch immer weiß man in Mitteleuropa wenig über das kleine Land und seine große Geschichte. Portugal ist weder ein Anhängsel Spaniens, noch ist es ein Land irgendwo im Ozean. Die beiden atlantischen Inselgruppen der Azoren und Madeiras gehören zwar dazu, machen aber nur gut drei Prozent der Gesamtfläche dieses Landes von rund 90 000 Quadratkilometern aus. Portugal liegt auf der Iberischen Halbinsel, schaut auf den Atlantik und hat Spanien sozusagen im Rücken. Die 832 Kilometer lange Atlantikküste ist für Urlauber wie geschaffen: Steilküsten mit bizarren Felsgebilden, überschäumendes Meer und kilometerlange Strände zum Baden. Mit Spanien hat Portugal eine etwa 1300 Kilometer lange Grenze gemeinsam, von der viele Spanier behaupten, sie sei unnatürlich. Die Portugiesen dagegen glauben fest daran,

daß diese Grenze von der Natur so eingerichtet und deshalb unerschütterlich sei. Wer im Frühjahr aus dem kahlen, grauen Kastilien kommt und die Grenze beispielsweise bei Guarda, der höchstgelegenen Stadt Portugals, überschreitet, wird das portugiesische Argument bestätigt finden: Kaum hat man nämlich die Ausläufer der Serra da Estrela hinter sich, kommt man in einen vom maritimen Klima begünstigten, immergrünen Garten, der in krassem Gegensatz zur eintönigen kastilischen Hochebene steht. Die Grenzen, die Portugal – ein Rechteck von 560 Kilometer Länge und maximal 220 Kilometer Breite umfassen, gehören zu den ältesten Europas.

Rund zehn Millionen Menschen bewohnen das von der Serra da Estrela (der Torre ist mit 1991 Metern der höchste Berg des Landes) in zwei Großlandschaften geteilte Land: den durch seine landschaftliche Vielfalt gekennzeichneten Norden und den eintönigeren, recht flachen Süden. Die Bevölkerung ist nicht gleichmäßig auf das Land

Die manuelinische Lust am Dekor: Kreuzgang des Klosters in Batalha

verteilt. Allein im Großraum Lissabon leben mehr als drei Millionen Menschen, und Porto, die zweitgrößte Stadt des Landes, zählt in ihrem unmittelbaren Einzugsbereich mehr als eine Million Einwohner. Das Industriegebiet zwischen Setúbal und Santarém hat Landflüchtigen in den letzten Jahren Arbeit und Wohnungen geboten, so daß dort die Einwohnerzahlen unverhältnismäßig rasch in die Höhe geschnellt sind. Die besseren Arbeits- und Lebensbedingungen in den größeren Städten, aber auch die Auswanderung haben die Distrikte entvölkert, die ohnehin schon dünn besiedelt waren: die im Landesinneren an der spanischen Grenze gelegenen Dörfer und Kleinstädte sowie die Siedlungen in den unfruchtbaren Berglandschaften im Norden. In diesen Gebieten leben heute nur noch 35 Personen auf einem Quadratkilometer. Sie arbeiten vorwiegend in landwirtschaftlichen Betrieben, die durch Erbteilung so klein geworden sind, daß die Einnahmen zur Lebenshaltung kaum noch ausreichen.

Im Süden des Landes, vor allem im Alentejo, stehen den Kleinbetrieben des Nordens Latifundien gegenüber, die Größen von mehr als 3000 Hektar erreichen. Anfang 1975, nach der portugiesischen Revolution, haben besitzlose Landarbeiter diese Güter besetzt und in Kooperativen bearbeitet. Doch schon 1977 ist die Landnahme in den meisten Fällen wieder rückgängig gemacht worden.

Als Vorbereitung des Eintritts in die damalige EG hat man besonders in der Landwirtschaft viel modernisiert. Durch den europäischen Binnenmarkt allerdings sind die landwirtschaftlichen Produkte aus Portugal kaum konkurrenzfähig. Dafür profitiert die portugiesische Bauwirtschaft von hohen Zuschüssen aus Brüssel. Auch die Leder- und Textilindustrie hat einen Aufschwung erlebt. Außerdem verfügt Portugal über eine moderne Hochseefangflotte, allerdings dominieren kleinere Schiffe von Privatfischern. Neben dem Erdöl und der Automobilindustrie ist jedoch der Tourismus mit einer Zuwachsrate von zehn Prozent der wichtigste Industriezweig des Landes. Nach den Engländern und den Spaniern sind die Deutschen mit knapp einer Million Besuchern pro Jahr die drittgrößte Touristengruppe.

Im Land herrscht mediterranes Klima. Die jährlichen Niederschläge sind vor allem im Norden erheblich höher als in Mittelmeerländern vergleichbarer geographischer Breite. Des-

Im Lande des Portweins:
das grüne Dourotal

halb wachsen hier auch Eichen, Pinien und Eukalyptusbäume. Im Süden dagegen herrscht die Korkeiche vor. Exotische Pflanzen, von den Entdeckerreisen mitgebracht, sind heute nicht nur in den Parks anzutreffen, sie wachsen auch wild und haben zusammen mit der einheimischen Flora Portugal zum »Garten Europas« werden lassen.

Mehr noch als vom Klima und der abwechslungsreichen Vegetation ist Portugal durch seine Geschichte geprägt. Und darauf sind die Portugiesen stolz. Gerne verweisen sie auf ihre Tradition: Sie nennen die Funde aus der Steinzeit und erwähnen die von Iberern und Kelten zwischen 800 und 500 v. Chr. angelegten Siedlungen, jene ehemaligen Städte aus runden und ovalen Häusern, die man in der Nähe von Braga und Guimarães besichtigen kann.

Beide Städte waren noch bewohnt, als die Römer ihren Machtbereich auf die Iberische Halbinsel ausdehnten. Sie drangen in den Süden Portugals vor und forderten die Lusitaner zum Kampf heraus. Die portugiesischen Geschichtsschreiber haben Viriatus, den Anführer dieses Kampfes, zum Vorbild vaterländischen Handelns gemacht. Ein halbes Jahrtausend blieben die Römer auf der Iberischen Halbinsel; sie romanisierten Land und Leute, bauten Brücken und wichtige Handelsstraßen, gründeten die meisten der heute noch bestehenden Städte, führten Wasser auf Aquädukten heran, bauten Tempel und Arenen und brachten römische Kultur und Zivilisation, vor allem aber eine einheitliche Sprache ins Land.

Mit den Germanenstämmen, die ab 410 n. Chr. über die Pyrenäen drangen und erst an der portugiesischen Atlantikküste haltmachten, kam die Königsidee nach Portugal. Zwar wurden Verträge abgeschlossen, die die Germanen zumindest auf dem Papier zu Verbündeten Roms machten, doch schon bald errichteten die Sweben im Nordwesten Galiciens und die Alanen in Lusitanien Königreiche. Die Wandalen eroberten Südgalicien und gründeten mit der Hauptstadt Braga das Königreich Portucale. Im Verlauf des fünften Jahrhunderts fielen die Westgoten ein und ordneten weite Teile des heutigen Portugals ihrer Herrschaft unter.

Dreihundert Jahre später nahmen andere Eindringlinge in kürzester Zeit fast die gesamte Iberische Halbinsel in Besitz: die Araber. Im Jahre 713 eroberten sie Lissabon und drangen bis zum Douro nach Norden vor. Nördlich des Douro wurde unmittelbar danach das westgotische Großreich Asturien gegründet. Hauptsächlich von ihm ging die Reconquista aus, die Rückeroberung der Iberischen Halbinsel durch die Christen.

Ritter aus ganz Europa unterstützten diesen Kampf, und unter König Alfonso VI. (1065 bis 1109) gelang der entscheidende Schlag: Die Mauren wurden hinter den Tajo (Tejo) zurückgedrängt. Anteil an diesem Sieg hatten zwei Männner aus dem Haus Burgund; zur Belohnung erhielten sie die Töchter des Königs und teilten sich die Mitgift: Galicien (im heutigen Spanien gelegen) und die Grafschaft Portucalia (das Gebiet zwischen Minho und Tejo). Der junge Graf Afonso Henrique hatte es als Erbe der Grafschaft Portucalia nicht leicht: Er mußte seinen Autonomieanspruch nicht nur gegen die königlichen Verwandten in Galicien und sogar gegen die eigene Mutter behaupten, sondern auch gegen die Mauren. So kämpfte er gegen die Mutter, besiegte 1139 die Araber und krönte sich zum König.

Zweihundert Jahre lang blieb das Geschlecht des ersten Königs Portugals an der Macht. Die Mauren wurden immer weiter zurückgedrängt, die Algarve erobert und Lissabon zur Hauptstadt gemacht. Vor allem unter König Dinis (1279–1325) blühte das Land auf: Landwirtschaft und Handel wurden gefördert, Universitäten gegründet. Erst als es in Kastilien zu Streitigkeiten um die Thronfolge kam, war es mit dem Aufschwung im Land vorbei. Kastilien erhob Anspruch auf den portugiesischen Thron, griff Portugal an und unterlag in der Schlacht bei Aljubarrota (1383). Zum Dank für diesen Sieg, der die Unabhängigkeit Portugals sicherte, wurde das Kloster Batalha erbaut.

Unter dem Haus Avis entwickelte sich Portugal zur Weltmacht. Wesentlich an diesem Aufschwung beteiligt war der Sohn des Königs Henrique (1394–1460), der später den Zunamen »der Seefahrer« erhielt. Den neuen Naturwissenschaften gegenüber aufgeschlossen, gründete er eine Seefahrerschule, an der die wissenschaftlichen und technischen Voraussetzungen für die Entdeckungsfahrten geschaffen wurden. Den Eroberungen der Portugiesen in Nord- und Westafrika folgte die Entdeckung der Azoren und Madeiras (1432). Rund 50 Jahre später erreichte Bartolomeo Diaz das Kap der Guten Hoffnung, und noch vor der Jahrhundertwende umsegelte Vasco da Gama Moçambique und erreichte Indien. Als Pedro Alvares Cabral 1500 Brasilien entdeckte, freuten sich die Portugiesen, sechs Jahre zuvor im Vertrag von Tordesillas die Welt so aufgeteilt zu haben, daß die spanische Einflußsphäre nicht auch Brasilien umfaßte. Kein Wunder, daß man dem regierenden König Manuel I. (1495–1521) den Beinamen »der Glückliche« gab. Das »Goldene Zeitalter« brach an. Überall im Land entstanden Herrenhäuser, Paläste, Kirchen und Klöster. Kunst und Literatur setzten zum ersten Male in der Geschichte eigene Akzente.

Der manuelinische Stil wurde kreiert, und Luís de Camões besang in »Os Lusíadas« die Geschichte und Größe Portugals. Nur wenige mahnten, daß der Reichtum auf der Ausbeutung der schwarzen »Menschenware« beruhe und deshalb dem Land kein Glück bringen könne; wenige nur erhoben ihre Stimmen, als der König auf Geheiß der Spanier die Juden aus dem Land jagte, und niemand beachtete die Armut und das Elend auf dem flachen Land und in den wachsenden Städten. Die Nachfolger König Manuels führten nicht nur die Inquisition ein, sie verbanden sich durch Heirat ebenso wie Manuel selbst immer fester mit dem spanischen Königshaus. Als sein Enkel Sebastião kinderlos in Marokko fiel, mußte die Ständeversammlung einen der

Geschichtstabelle

200 v. – 410 n. Chr.
Römische Herrschaft

410 – 711
Germanische Invasion – Königreich Portucale

711
Mauren erobern die Iberische Halbinsel

750 – 1250
Reconquista (Rückeroberung durch Christen)

1139 – 1383
Das Haus Burgund (Borgonha) – Vertreibung der Mauren, Unabhängigkeit von Spanien, wirtschaftlicher und kultureller Aufschwung

1385 – 1433
König João I. und sein Sohn Heinrich der Seefahrer betreiben eine erfolgreiche Expansionspolitik – Entdeckung Madeiras und der Azoren sowie der Westküste Afrikas – Portugal steigt zur Weltmacht auf

1495 – 1521
König Manuel I. – »Goldenes Zeitalter«: Blütezeit in Kunst und Kultur

1500
Cabral entdeckt Brasilien, das gemäß dem Vertrag von Tordesillas der portugiesischen Einflußsphäre zugeschlagen wird

1580 – 1640
Spanische Herrschaft – Unterdrückung und Ausbeutung im Inneren – Schwächung der Stellung in Übersee, Verlust eines Teiles des Kolonialbesitzes

17. – 19. Jh.
Das Haus Bragança – Reichtümer aus Übersee – Verarmung weiter Volkskreise – wirtschaftliche Abhängigkeit von England – aufgeklärter Absolutismus unter Pombal – französische und englische Besatzung – Bürgerkrieg zwischen Liberalen und Absolutisten – Abtrennung Brasiliens

1910
Am 5. Oktober wird die Republik ausgerufen

1910 – 1926
Die Erste Republik – sieben Parlamente und 45 Regierungen in 16 Jahren – Militärputsch

1928 – 1974
Die Diktatur Salazars – Sanierung der Staatsfinanzen – neue Verfassung – Abschaffung des Parlaments – Einsetzung einer ständischen Abgeordnetenkammer – Einheitspartei, Unterdrückung der demokratischen Rechte, Widerstand im Land und in den Kolonien

1974
Am 25. April Militärputsch – Ende der Diktatur

Seit 1974
Das demokratische Portugal – sozialistische Bestrebungen – Putschversuche – allmähliche Demokratisierung – Selbständigkeit der Kolonien

1986
Portugal wird EG-Mitglied

drei anderen Enkel zum König wählen; obwohl zwei davon Portugiesen waren, fiel die Wahl auf Spaniens König Philipp II. Der neue König sicherte den Portugiesen zwar eigene Verwaltung und Mitarbeit in der Ständeversammlung zu, verfolgte aber insgeheim eine spanische Politik auf Kosten Portugals. Das nährte die heimliche Hoffnung des portugiesischen Volkes, König Sebastião sei nicht in Marokko gefallen, sondern bereite sich vor, die Spanier aus dem Land zu jagen. Sechzig Jahre dauerte es, bis ein Herzog die Spanier vertrieb und der erste Regent aus dem Hause Bragança zum König gekrönt wurde.

Damit begann die absolutistische Herrschaft. Die Einnahmen aus Goldvorkommen in Brasilien halfen den Herrschern des neuen Königshauses, die Staatsfinanzen zu sanieren, allerdings kam der Reichtum nicht dem Volke zugute, sondern floß zum Teil nach England. In der Mitte des 18. Jhs. trat der Marquês de Pombal auf den Plan und bestimmte für gut zwanzig Jahre die Geschicke des Landes: Als aufgeklärter Absolutist führte er tiefgreifende Reformen durch, unterband die wirtschaftliche Bevormundung durch Spanien und England, förderte Landwirtschaft und Industrie und besiedelte die durch Auswanderung nach Brasilien entvölkerten Gegenden neu. Als Lissabon 1755 bei einem Erdbeben fast völlig zerstört worden war, ließ er es in kurzer Zeit wieder aufbauen. Die Jesuiten, in deren Händen zuvor das gesamte Erziehungs- und Bildungswesen gelegen hatte, trieb er aus dem Land

und reformierte Schulen und Universitäten im Sinne der Aufklärung.

Diese Reformen wurden nach dem Tod des Königs jäh gestoppt, Pombal wurde verbannt, und die konservativen Kräfte gewannen wieder die Oberhand. Während in Frankreich die Revolution tobte, versuchte man in Portugal, das Rad der Geschichte zurückzudrehen. Man schloß sich England und Spanien im Kampf gegen Frankreich an. Doch als die Franzosen 1807 unter Napoleon nach Portugal einmarschierten, floh die Königsfamilie nach Brasilien.

Erst 1811 gelang es mit englischer Hilfe, die Franzosen aus Portugal zu vertreiben, allerdings blieben die Befreier als Besatzungsmacht zurück. 1820 beendete eine Revolution die englische Besatzungszeit. Eine liberale Verfassung wurde beschlossen, die der König, aus Brasilien zurückgekehrt, anerkannte.

Im 19. Jh. beherrschten Klassenkämpfe die Politik in Portugal. Am 5. Oktober 1910 wurde Europas dritte Republik (nach der Schweiz und Frankreich) ausgerufen. Zur Ruhe aber kam das Land nicht. Die Königstreuen wurden verfolgt, Adelstitel verboten; man trennte Staat und Kirche, führte Pressefreiheit und Streikrecht ein, erließ mieterfreundliche Gesetze und entwickelte Kampfstrategien gegen den Analphabetismus. Trotz all dem hatte die junge Republik keinen wirklichen Rückhalt in der Bevölkerung.

Im Jahre 1926 putschte das Militär und setzte eine Militärregierung ein. Aus einer Scheinwahl ging António Carmona als

Staatspräsident hervor, der den Wirtschaftswissenschaftler António de Oliveira Salazar zum Finanzminister ernannte. Damit begann Portugals Umwandlung in einen faschistischen Ständestaat. Durch die Gründung einer Einheitspartei glaubte Salazar die Unruhen im Land unterdrücken zu können. 1932 wurde er Ministerpräsident, gab dem Land eine neue Verfassung, schaffte Gewerkschaften und Parlament ab und rief eine ständische Abgeordnetenkammer und regierungshörige Syndikate ins Leben.

Gefürchtet war die Geheimpolizei Pide, die mit Regimegegnern gnadenlos umging. Verhaftungen, Verhöre und Folter waren an der Tagesordnung. Es gelang Salazar zwar, Portugal aus dem Zweiten Weltkrieg herauszuhalten, doch konnte er die Kriege in den Kolonien, die er schönfärberisch »Überseeische Provinzen« nannte, nicht verhindern. 1968 trat der schwerkranke Diktator zurück und überließ Marcelo Caetano den Posten des Ministerpräsidenten. Dessen Versuche, eine bessere Regierung zu führen, blieben in den Anfängen stecken.

Am 25. April 1974 stürzte die »Bewegung der Streitkräfte« die Regierung. Durch das Lied »Grândola, Vila Morena« von José Afonso wurde die Revolution im Rundfunk eingeleitet; sie verlief unblutig. Die Bevölkerung jubelte den Soldaten zu und beschenkte sie mit roten Nelken. Caetano und seine Regierung leisteten keinen Widerstand, öffneten die Gefängnisse und ließen die politischen Gefangenen frei. Die im Nu gegründete provisorische Regierung mußte allerlei Putschversuchen standhalten; das westliche Ausland befürchtete, daß Portugal ein Pfeiler des kommunistischen Hauses werden könnte. Doch die Gemäßigten behielten die Oberhand. Der parteilose General Ramalho Eanes blieb Staatspräsident, bis er 1986 vom Sozialisten Mário Soares abgelöst wurde, dem 1996 Jorge Sampaio folgte.

Unter den wechselnden Regierungen seit 1976 ist es Portugal gelungen, sich zu stabilisieren und zu demokratisieren. Die unmittelbar nach der Revolution durchgeführte Verstaatlichung des Großgrundbesitzes und der Industrieunternehmen wurde zum großen Teil rückgängig gemacht, dafür gab die soziale Marktwirtschaft dem Land neuen Aufschwung. Dennoch hatten es die Regierungen bis in die neunziger Jahre schwer. Arbeitslosigkeit und hohe Inflationsraten bestimmten lange Zeit das Bild. Erst als die finanziellen Zuwendungen aus den Kassen der EU wirkten, änderte sich die Lage. Ausländische Unternehmen investierten, und der zunehmende Tourismus machte den Ausbau des Verkehrsnetzes und des Gaststättengewerbes notwendig. Portugal änderte sich schneller als zu jeder Zeit vorher. Es wurde inzwischen nicht nur zu einem demokratischen, sondern auch zu einem wirtschaftlich gesunden Staat, der in Zusammenarbeit mit anderen europäischen Staaten mittlerweile zu einer Brücke zwischen verschiedenen Kulturen und den vier Kontinenten Europa, Afrika, Asien und Südamerika geworden ist.

Von Azulejo bis Vinho Verde

Die Kachelkunst Portugals, der »grüne« Wein und der Portwein begegnen wohl jedem Urlauber bei einem Aufenthalt im Land

Azulejos

Der Name kommt aus dem Arabischen und bedeutet soviel wie kleiner, polierter Stein; gemeint sind die meist blau-weißen Fliesen, die man in ganz Portugal antrifft. Sie beleben Flächen, reflektieren Licht, dämpfen Lärm und schützen vor Hitze. Bereits im ersten Jahrhundert ihres Eroberungszuges hatten die Araber die bemalte, glasierte Fliese ins Land gebracht. Damals gab es nur geometrische Formen und Pflanzen nachempfundene Ornamente, da der Islam figürliche Darstellungen verbot. Erst im 16. Jh. übernahmen die Portugiesen dieses künstlerische Erbe, und schon bald begann die Ära der großflächigen Wandverkleidungen in Kirchen, Klöstern, Palästen und Landhäusern. Die Bilder beschrieben christliche Legenden, historische und patriotische Ereignisse, Seeschlachten, Jagdmotive und sogar kleine Liebesszenen. Nach dem großen

Auch in Portugal hätte der Spanier Don Quijote seine Windmühlenkämpfe ausfechten können

Erdbeben im Jahre 1755 veranlaßte der Minister Marquês de Pombal, die praktische, langlebige und hygienische Fliese in Massen herzustellen. Im 18. Jh. stieg dann die Fliesenproduktion nochmals: Portugal exportierte nach Brasilien, Madeira und auf die Azoren. Bis heute ist die Kunst der *azulejos* in Portugal lebendig und beliebt geblieben; wie bei uns etwa in Bayern Landschaftsmotive die Hauswände schmücken, so strahlen in Portugal an zahlreichen Neubauten in die Fassade eingelassene Fliesenmalereien.

Luís Vaz de Camões

Kaum ein Künstler ist so im Bewußtsein seines Volkes verankert wie Camões, der Dichter von »Os Lusíadas«. In diesem Nationalepos preist er wortgewaltig die Entdeckungsreisen unter Vasco da Gama als portugiesische Großtat. Sichtbarer Ausdruck für die hohe Verehrung ist der »Dia de Camões«, der am 10. Juni, seinem Todestag, alljährlich feierlich begangen wird. Camões wurde 1524 oder 1525 in Lissabon geboren. In Coimbra erwarb er seine humanistische Bildung. Im Kriegsdienst des Königs verlor er in Marokko ein Auge und ging 1553 als Verwalter portugiesischer Güter in die Kolonien. In Indien und in Goa geriet er mit den Mächtigen in Konflikt und wurde auf die Molukken verbannt. 1560 nach Goa zurückgerufen, geriet sein Schiff in Seenot. Nur mit Mühe konnte der Dichter sein Leben und die soeben vollendeten »Os Lusíadas« retten. Das Heimweh trieb ihn 1570 nach Lissabon zurück. Die Veröffentlichung seines Lebenswerkes 1572 brachte ihm zwar Ruhm, aber kein Geld. Völlig verarmt starb er 1579, im Alter von 55 Jahren, an der Pest. Er wurde in einem Massengrab beerdigt.

EU/Expo 98

Bevor Portugal am 1. Januar 1986 der damaligen EG beitrat, mußten Hindernisse und Widerstände überwunden werden. Das Land war wegen seiner geographischen Randlage seit Beginn der Neuzeit mehr vom Atlantik als vom europäischen Kontinent geprägt. Die Portugiesen erinnern sich heute aber wieder ihrer alten und engen Bindungen an Frankreich und vor allem an England. Deshalb war der Beitritt zur EG lediglich die Festschreibung eines Weges, der unmittelbar nach der Revolution eingeleitet worden war. Die Motive für diesen Schritt waren politischer wie wirtschaftlicher Natur. Politisch wollte man mit dem Beitritt die demokratischen und rechtsstaatlichen Institutionen absichern. Wirtschaftlich erhofften sich die Portugiesen auf längere Sicht eine Besserung der Lage und größere Stabilität.

Tatsächlich ist aus dem einstigen Armenhaus Europas, das sich bemüht, in die europäische Währungsunion aufgenommen zu werden, ein prosperierender Staat geworden. Auf der Weltausstellung im Jahr 1998 wird Portugal zeigen, daß es nach wie vor nach Europa blickt, daß aber auch »Die Ozeane, ein Erbe für die Zukunft« sind. Unter diesem Motto will das Land nicht nur auf seine Pionierrolle bei den Entdeckungen hinweisen, sondern auch Verantwortung für die Erhaltung dieses Erbes provozieren.

Fado

Der Diktator Salazar hatte allen Grund, den, wie er meinte, »negroiden, kulturlosen Dirnengesang« zu verbieten. Als hätte er geahnt, daß der Sturz seines Regimes dereinst von einem Fadosänger eingeläutet werden würde. Offiziell hat er das Verbot des Fado mit der krankhaft fatalistischen Haltung begründet, die das Lied nicht nur preise, sondern auch im Zuhörer hervorrufe. In Wirklichkeit aber fürchtete der Staatsmann die aufrüttelnde Wirkung der Gesänge aus Lissabon und Coimbra.

Der Ursprung dieser Volkslieder ist ungewiß. Die einen lassen sie aus dem mittelalterlichen Minnelied oder aus der maurischen Musik entstehen, andere führen sie auf rauhe Seemannslieder oder fernöstliche Schicksalsgesänge zurück. In Prospekten heißt es häufig, der Fado sei in der Alfama, der Altstadt Lissabons, entstanden. Bei Kerzenlicht tragen dort *fadistas* (Sängerinnen) in schwarzen Kleidern ihre

Fast so bedeutend wie Lourdes: die Wallfahrtskirche in Fátima

wehmütigen Gesänge vor. Von zwei *guitarristas* (Melodie- und Rhythmusgitarre) begleitet, appellieren sie an die Gefühle, wenn sie von unerfüllter Sehnsucht, von verlorener Liebe und von tiefer Verzweiflung singen. Die Zuhörer identifizieren sich mit den Leidenden im Lied, und der kranke Zustand der Welt tut ihnen im wahren Sinne des Wortes weh. Anders in Coimbra, da tragen in der Regel junge Männer den Fado vor. Auch hier geht es um Liebe und Tod, aber das Unglück wird nicht einem Fatum, einem blinden Schicksal, zugeschrieben, sondern es wird aus den gesellschaftspolitischen und sozialen Verhältnissen abgeleitet. Im Zuhörer wachsen Kräfte des Widerstandes. Vor

dieser Art des Fado, der zu einem politischen Lied geworden war, hatte Salazar Angst, und wie berechtigt seine Furcht war, zeigte sich am 25. April 1974, als das Lied des Fadosängers José Afonso »Grândola, Vila Morena«, von der katholischen Radiostation in den Äther gesandt, zum Zeichen für den Ausbruch der Revolution wurde, die das verhaßte Regime überwand.

Fátima

Im Jahre 1917 erschien die Muttergottes drei Hirtenkindern in Cova da Íria, nahe dem heutigen Fátima. Bei ihrer sechsten und letzten Erscheinung ein halbes Jahr später erlebten 70 000 Menschen das »Sonnenwunder«, bei dem sich der Himmel verdunkelte und die Sonne als feuriger Ball am Firmament rotierte. Schon damals wurde die Friedensbotschaft der Muttergottes als Gegenkraft zum aufkommenden Kommunismus gedeutet – in Rußland war gerade die Revolution ausgebrochen. Gegen den Widerstand der Kirche baute man 1918 am Erscheinungsort eine Kapelle, die jährlich Tausende von Pilgern nach Fátima zog. Zehn Jahre später begann man mit dem Bau der Basilika und mit der Anlage des großen Betplatzes, der doppelt so groß ist wie der Petersplatz in Rom. 1930 erkannte die Kirche die Verehrung der Muttergottes in Fátima offiziell an. Päpste besuchten in der Folgezeit den Ort der »Hoffnung der Welt«. Auf die Veröffentlichung der vollständigen Botschaft allerdings, die Maria an die Welt gerichtet haben soll, warten die Gläubigen noch immer: Der Vatikan hält sie unter Verschluß. Trotzdem ist Fátima heute neben Lourdes und Santiago de Compostela der berühmteste Wallfahrtsort in Europa. An den Erscheinungstagen (13. Monatstag) beten hier von Mai bis Oktober nicht selten mehr als eine Million Gläubige.

Korkeichen

Jeder dritte Flaschenkorken auf der Welt kommt aus Portugal. Im Alentejo, im Süden des Landes, wachsen in stiller und melancholischer Landschaft ganze Korkeichenwälder. Auf einer Fläche, die so groß ist wie Hessen und das Saarland zusammen, stehen 86 Millionen Exemplare des *Quercus suber*.

Hier gedeiht kaum etwas anderes als Korkeichen und Oli-

venbäume. Nur wenige Straßen führen durch die monotone Ebene. Wenn die Hitze am unerträglichsten ist, beginnt für die Korkeichenschäler die Arbeit; denn dann ist der Stoffwechsel der Bäume am größten.

Die Bäume müssen fast 20 Jahre alt sein, bevor die Baumrinde zum ersten Mal abgeschält wird. Mit geübten Schlägen hacken die Männer zwei Kerben rund um den Stamm und verbin-

Liefern den Rohstoff für Flaschenkorken: geschälte Korkeichen

den sie mit einer senkrechten. Langsam lockern sie mit dem Axtstiel die Rinde, bis diese nachgibt und abspringt. Damit sie die Wölbung verlieren, schichtet man die Stücke auf und beschwert sie mit Steinen. Rund 150 kg Rinde hat ein nackter, jetzt blutigroter Stamm hergegeben, und es werden zehn Jahre vergehen, bis die Korkeiche von neuem geschält werden kann. Um die Rohstoffversorgung langfristig zu sichern, wurden in den letzten Jahren mit Hilfe umfangreicher Aufforstungshilfen aus Brüssel neue Korkbaumplantagen angepflanzt. In der Fabrik wird die Rinde gekocht, gepreßt, getrocknet und in Scheiben geschnitten. Hohlbohrer schneiden Stöpsel aus den Korkstreifen, die dann noch geglättet, rundgeschliffen und desinfiziert werden. Seit mehr als 200 Jahren exportieren die Portugiesen Flaschenkorken. In Säcken bis zu 20 000 Stück werden sie verschickt. Allein der Bedarf Deutschlands beträgt 50 000 Säcke im Jahr.

Manuelinischer Stil

Auch am äußersten Rand Europas finden sich die großen Stilrichtungen der europäischen Architektur: festungsartige romanische Kirchen, die großen gotischen Burgen und Dome mit Spitzbogen und schlanken Säulen, die breiten Schlösser und Herrenhäuser der Renaissance und die mit vergoldetem Holzwerk überladenen barocken Kirchen. Nur wenn der Kunstliebhaber nach Tomar kommt, wenn er Batalha besucht oder vor dem Hieronymus-Kloster in Lissabon steht, ist er irritiert, weil das Bekannte verfremdet ist und nie Gesehenes ihm entgegentritt. Plötzlich entdeckt er das Besondere auch an anderen Orten, hier an Portalen und Fenstern, dort an Säulen und Treppenaufgängen: den manuelinischen Stil. Entwickelt hat sich diese eigenständige portugiesische Kunstform in der Regierungszeit König Manuels I. (1495 – 1521), dem Goldenen Zeitalter, als Portugal zu einer Weltmacht geworden war. Mit europäischen Maßstäben gemessen, ist der Manuelismus also ein Übergangsstil von der Spätgotik zur Renaissance. Hauptkennzeichen dieser Architektur ist die Freude am Dekorieren. Grundstrukturen und Bauelemente der Spätgotik und Frührenaissance werden mit Ornamenten verziert, die es bis dahin in der europäischen Baukunst noch nicht gegeben hat. Die Quellen dieser neuen Formenwelt sprudeln reichlich: Maurische, südamerikanische, afrikanische und asiatische Eindrücke wurden von den Entdeckerreisen mitgebracht. Tropische Pflanzen, fremde Tiere, Meeresgetier (Muscheln, Korallen, Fische), Gegenstände aus der Seefahrt (nautische Instrumente, Mast, Anker, Netze, Taue, Ketten) gerinnen zu steinernen Schmuckstücken und zieren verschwenderisch Wände und Mauern, Türen und Fenster, Treppen und Säulen. Unter der überladenen Fülle der Formen und unter der entfesselten Phantasie verschwinden die Bauelemente: Aus schlanken gotischen Säulen werden tropische Palmen, aus einfachen Fenstern kunstvoll gemeißelte Wappen und aus Türen prächtige Triumphtore. Obwohl alles aus der realen Welt genommen und bis ins Detail naturgetreu wiedergegeben ist, heben die Verzierungen das Geschmückte über sich hinaus. Die Dinge bekommen eine höhere Bedeutung, sie werden zu Symbolen. Insofern ist der manuelinische Stil mehr als eine kurze Episode in der Kulturgeschichte Portugals, drückt er doch ebenso wie Fado und *saudade* etwas von der zwiespältigen Art des portugiesischen Denkens und Fühlens aus: Sehnsucht nach Fernem und Fremdem, Detailtreue im Nahen und Natürlichen, Freude am Schwung des Schönen und Ernst bei der Arbeit im Alltag.

Portwein

Der Portwein ist ein Aperitif oder Dessertwein mit 18 bis 20 Prozent Alkohol. Sein Anbaugebiet liegt am Fluß Douro, es beginnt etwa 100 Kilometer östlich von Porto. Bis zu zwölf Meter tief bohren die Rebstöcke ihre Wurzeln in den schieferhaltigen Boden.

Die sehr reif geernteten Trauben wurden noch vor ein paar Jahren in Granitbottichen mit den bloßen Füßen gekeltert. Da die Traubenkerne auf diese Weise nicht zerquetscht wurden, gelangten ihre Bitterstoffe auch nicht in die Maische. Heutzutage haben die meisten Betriebe dafür Maschinen eingesetzt. Nachdem der Traubenmost kurz gegoren hat, wird er in die Kellereien in Vila Nova de Gaia transportiert. Dort stehen zu einem Viertel mit Weinbrand gefüllte Fässer zum Auffüllen bereit. Mehr als zwanzig Kellereien gibt es in Vila Nova de Gaia am Douroufer gegenüber von Porto. Einige davon können besichtigt werden.

Saudade

Saudade ist ein unübersetzbares Wort, da es eine Gefühlswelt beschreibt, die es nur in Portugal zu geben scheint. Schicksal und Gemüt, Wehmut und Unglück, all das zusammen und noch viel mehr verstehen die Portugiesen unter *saudade*. Abgeleitet vom lateinischen »solus«, ist sie eng mit dem Begriff der »Einsam-

keit« verknüpft; aus dem Alleinsein entspringen Gedanken, Gefühle und Sehnsüchte, aber auch das fatalistische Hinnehmen des Gegebenen und die traurige Freude an Schmerz und Leid. So ist die *saudade* ein permanenter Zustand der Unzufriedenheit mit der Welt und gleichzeitiger aufrichtiger Freude an den liebenswerten Dingen, die den Menschen umgeben.

Stierkampf

Der Stierkampf in Portugal ist ein farbenprächtiges Spektakel. *Cavalheiros* in Hoftracht auf edlen Pferden ziehen in die Arena, begleitet von *toureiros*, ihren Helfern. In der Tracht der Viehhirten des Ribatejo – weiße Strümpfe und Hemden, Kniehosen, rote Jacken – folgen die *forcados*. Der Kampf beginnt, indem zwei *toureiros* mit ihren roten *capas* das Tier reizen und hinter eine Holzwand flüchten, wenn der Stier sie bedroht. Anschließend beginnt der Kampf zwischen Reiter und Stier: Der Reiter ruft den Stier an, der stürzt auf seinen Gegner zu, und erst im letzten Augenblick weichen Roß und Reiter dem Zusammenprall aus, der Stier stößt ins Leere. Angriff folgt auf Angriff, die Aufgabe des Reiters ist es, dem Stier geschmückte Pfeile während des Vorüberreitens in den Nacken zu stoßen.

Der zweite Teil des Kampfes findet »zu Fuß« statt: Acht *forcados* stellen sich hintereinander auf und gehen langsam auf den Stier zu. Ihr Anführer trägt eine grüne Zipfelmütze und feuert den Stier durch Rufe an. Wenn der Stier auf die Männer zustürzt, springt der erste kurz vor dem Zusammenprall hoch und läßt sich zwischen die Hörner fallen. Mit den Armen umschlingt er den blutenden Hals des Tieres. Seine Mitkämpfer werfen sich auf den Stier, packen ihn mit bloßen Händen an Kopf, Hals und Körper und halten ihn fest, bis das Tier still steht. Die *pega* ist beendet, wenn alle auf ein Kommando loslassen, davonlaufen und nur ein *toureiro* den Stier am Schwanz hält und sich von dem schnaubenden Koloß im Kreise ziehen läßt. Kühe und Ochsen führen den müden Stier danach aus der Arena.

Die Eintrittskarten sind in drei Klassen eingeteilt: *sol* (Sonne), *sol e sombra* (Sonne und Schatten) und *sombra* (Schatten). Es empfiehlt sich, den Schattenplatz zu nehmen, nicht nur, weil die Sonne sehr heiß sein kann, sondern weil sie schon kurz nach Beginn schräg steht und das Zuschauen, Fotografieren und Filmen erschwert. Orte, an denen von Ostern bis Oktober Stierkämpfe ausgetragen werden, sind Vila Franca de Xira, Santarém, Nazaré, Lissabon, Figueira da Foz und Guimarães.

Vinho Verde

Grüner Wein? Roter grüner Wein? Das Wörterbuch scheint verrückt zu spielen. Wer in Portugal Wein bestellt, muß sich erst einmal entscheiden, ob er einen frischen, spritzigen (*verde*) oder lieber einen reifen, vollen (*maduro*) Wein trinken möchte. Verde heißt übersetzt tatsächlich »grün«, steht aber für die Frische und Jugend des Weines. Während die Maduro-Weine dem Charakter der italienischen, französischen und spanischen Weine entsprechen, ist der Verde-Wein sehr lebendig, säurehaltig und alkoholarm. Dieser junge, grüne Wein gedeiht nur in Portugal; es gibt roten und weißen *vinho verde*. Er wird hauptsächlich im Norden, besonders im Minhotal, angebaut, ist aber in ganz Portugal verbreitet. An heißen Tagen ist der weiße Verde, kühl getrunken, eine köstliche Erfrischung. Der rote Verde ist ebenfalls sehr herb – er schmeckt am besten zu deftigen, regionalen Gerichten.

Ist einmal geklärt, ob *verde* oder *maduro*, wird der Ober weiterfragen: rot (*tinto*), weiß (*branco*) oder rosé (*rosé*); anschließend wird er wissen wollen, ob der Wein trocken (*seco*) oder süß (*doce*) sein soll; hat man dann überlegt, ob er kühl (*fresco*) serviert werden soll oder lieber mit Zimmertemperatur (*natural*), so muß man sich zu guter Letzt nur noch für ein Anbaugebiet entscheiden.

Die Marco Polo Bitte

Marco Polo war der erste Weltreisende. Er reiste in friedlicher Absicht, verband Ost und West. Er wollte die Welt entdecken, fremde Kulturen kennenlernen, nicht zerstören. Könnte er für uns Reisende des 20. Jahrhunderts nicht Vorbild sein? Aufgeschlossen und friedlich sollte unsere Haltung auf Reisen sein. Dazu gehören auch Respekt vor Mensch und Tier und die Bewahrung der Umwelt.

Hausmannskost in der besten Tradition

*Die portugiesische Küche ist deftig,
und an den Portionen wird nicht gespart*

Als »schmackhaft, aber nicht gerade erlesen« wurde die portugiesische Küche von mitteleuropäischen Feinschmeckern bereits vor vierhundert Jahren bezeichnet. Tatsächlich ist sie das krasse Gegenteil zur Nouvelle cuisine. Hier gibt es keine winzigen Portionen, die kunstvoll auf einem riesigen Teller drapiert sind; die portugiesische Küche ist vielmehr eine Volksküche, deftige Hausmannskost in gewaltigen Mengen.

Wie es auf dem Land so üblich ist, sind die meisten Gerichte durch Resteverwertung als Eintöpfe entstanden. Fisch und Schweinefleisch beherrschen den Speisezettel; Olivenöl und Knoblauch bestimmen den Geschmack. Stundenlanges Schmoren und Köcheln bereiten dem Koch viel Arbeit – das Ergebnis ist allerdings ein Genuß.

Das Essen hat in Portugal etwas Kultisches, man läßt sich viel Zeit und genießt die Unterhaltung. Gespräche gehören so wesentlich zum portugiesischen Essen wie der Wein.

Ein Menü beginnt mit kleinen Vorspeisen (je nach Kategorie des Restaurants reicht die Auswahl von Sardinen über Schinken und scharf gewürzte Wurst bis hin zu Hummer) oder einer Suppe. Die verbreitetsten Suppen auf den portugiesischen Speisekarten sind die *sopa de peixe* (Fischsuppe), die *sopa de legumes*, eine dickflüssige Gemüsesuppe mit Öl, Weißwein und allerlei Gewürzen, und der *caldo verde*, eine nahrhafte Kartoffelsuppe mit feingeschnittenem Kohl und einer Scheibe Räucherwurst.

Als zweiter Gang folgt meistens fangfrischer Fisch. Man ißt ihn gekocht, fritiert oder gegrillt. Dazu gehören stets eine Portion Kartoffeln und Gemüse oder Salat. Saucen werden zum Fisch nur selten gereicht.

Schaltiere sind auch in Portugal verhältnismäßig teuer. Portugals beliebtester Fisch (und gleichzeitig traditionelles Weihnachtsgericht) ist der *bacalhau*, bei uns Stockfisch oder Klippfisch genannt. Er stammt nicht

Bei Nazaré werden am Strand Sardinen und andere kleine Fische in der Sonne getrocknet

21

von den Küsten des Landes, sondern weit aus dem Norden aus den Gewässern Neufundlands.

Im 16. Jh. brachten ihn portugiesische Seeleute zum ersten Mal mit, getrocknet hielt er sich fast ein halbes Jahr lang. Heute wird er vorwiegend in Mittelportugal an Land gebracht und dort auf niedrigen Gestängen in der Sonne getrocknet. Im Rohzustand sieht er nicht gerade appetitlich aus und verbreitet einen strengen Geruch. Er muß erst tagelang im Wasser gelegen haben, ehe er zubereitet werden kann. Mindestens 365 Rezepte, eines für jeden Tag, soll es geben; er wird gegrillt (*grelhado*), gekocht (*cozido*), gebacken (*no forno*), gedünstet, zerhackt oder am Stück serviert. Immer aber wird er mit reichlich Olivenöl zubereitet; daher ist er nicht nur nahrhaft, sondern auch ein schweres Gericht, das nur mit viel Wein gut verträglich ist.

Als Fleischgang gibt es Schwein, Rind, Ziege, Lamm sowie Haus- und Wildgeflügel. Eine portugiesische Besonderheit ist die Vermischung von Fleisch und Fisch, z. B. Schweinefleisch mit Venusmuscheln.

Als Nachspeise gibt man sich in Portugal nicht einfach nur mit Käse oder Obst zufrieden. Die Leidenschaft der Portugiesen sind Süßspeisen und süßes Gebäck; da gibt es unzählige Leckereien aus Ei und Zucker, Mandeln, Honig, Kokosnüssen, Feigen, Kürbis, Vanille und Zimt, allesamt ungeheuer süß. Rezepte und Namen sind gleichermaßen phantasievoll: Himmelsspeck, Nonnenbrust, Engelsbauch, Brautbett, Liebeskuchen und vieles mehr.

Preise

Preislich liegt die portugiesische Küche vor allem im Norden des Landes noch immer etwas unter der anderer europäischer Länder; Suppen gibt es ab 3 Mark, Tagesgerichte ab 15 Mark, Fischspeisen liegen zwischen 15 und 30 Mark, eine Flasche Wein gibt es schon ab 5 Mark, für einen Kaffee zahlt man 1 bis 2,50 Mark, und ein Stückchen Kuchen kostet 1 bis 2 Mark 50. In einigen Restaurants kann man auch nur eine halbe Portion (*meia dose*) bestellen. Viele Restaurants bieten ein komplettes Touristenmenü (*ementa turística*) inklusive Wein und Kaffee besonders günstig an.

Essenszeiten

Mittagessen: 12.30–15 Uhr
Abendessen: 19.30–22 Uhr

Lokale und Restaurants

Das Interieur der portugiesischen Restaurants ist üblicherweise einfach und schlicht; durch Kachelverzierungen, besonders im Süden des Landes, auch kühl und auf den ersten Blick ungastlich. »Gemütliche« Dekorationen mit Fischernetzen und Kerzenlicht findet man fast nur in Touristenhochburgen. In solchen *restaurantes típicos* zahlt man dann allerdings auch seinen Preis für das Ambiente.

Doch sollte die Qualität eines Restaurants niemals an der Einrichtung, sondern an der Zahl der dort bereits essenden Portugiesen gemessen werden.

Außer den normalen *restaurantes* (in drei Klassen eingeteilt) gibt es *churrasqueiras*, Restaurants mit Grillspezialitäten, *marisquerias*, Restaurants mit Fischspezialitäten und Meeresfrüchten,

Straßencafé in Lissabons Baixa

snackbars mit kleinen Menüs für den eiligen Gast, *tascas*, einfache, etwas schmuddelige Kneipen mit reichhaltigem und wohlschmeckendem Essen, *cafés* und *confeitarias* mit Kuchen, Sandwiches und kleinen Erfrischungen.

Die Engländer haben den Portugiesen nicht nur den Portwein entdeckt und nähergebracht, sondern auch die Neigung, zwischen den Mahlzeiten einen kleinen Imbiß zu nehmen; so gibt es in den Caféhäusern und Snackbars allerlei Pastetchen mit Fisch- (*bolinhos de bacalhau*) oder Fleischfüllungen (*pastéis*), Blätterteigpasteten mit Hühnerfleischfüllungen (*empada folhada de galinha*), getoastetes, bestrichenes Weißbrot (*torrada*) und Brötchen mit Steak, Schinken und Senf (*prego*).

Getränke

Was den Wein betrifft, rangiert Portugal in der Weltrangliste sehr weit vorne: Das kleine Land im Südwesten Europas gehört nicht nur zu den größten weinexportierenden Ländern der Welt (obwohl von der Jahresproduktion nicht einmal zehn Prozent exportiert werden), in einigen Statistiken erreicht auch der jährliche Weinkonsum pro Kopf astronomische Werte. Wein ist in Portugal billig. Für ein Gläschen in der Kneipe zahlt man 80 Pfennig, für einen guten Jahrgangswein im Restaurant ab 15 Mark für die Flasche.

Trotz der günstigen Weinpreise hat sich in den letzten zwanzig Jahren der Bierkonsum in Portugal verdreifacht. Eine Zeitlang war ein Glas Bier (*cerveja*) ein Prestigeobjekt. Ein Fläschchen in einer Bar kostet ab 1,50 Mark; möchte man ein kleines Bier, so heißt das *fino*, ein großes Glas heißt *caneca*. Tischgetränk ist das Wasser (*água mineral*) aus zahlreichen Heilquellen; Preis im Restaurant: ab 2 Mark pro Liter. Leitungswasser kann bedenkenlos getrunken werden.

Limonaden, Sprite, Fanta und Coca-Cola sind im ganzen Land erhältlich; Preise im Lokal ab 1,80 Mark. Vormittags trinkt man gerne einen Milchkaffee (*galão*).

Eine *bica* bzw. einen *cimbalino*, einen kleinen, starken, schwarzen Kaffee, trinken die Portugiesen zu jeder Tages- und Nachtzeit – oft im Stehen an einer Theke oder plaudernd in einem Café. Daneben steht häufig ein kleiner Schnaps. Was solche »scharfen Sachen« angeht, haben die Portugiesen ein überwältigendes Angebot: etwa den *bagaço*, ein Weindestillat, ähnlich der italienischen Grappa, die *ginginha*, einen Kirschlikör, den *medronho*, einen mit Honig versetzten Likör aus der Frucht des Erdbeerbaumes, die *amêndoa amarga*, einen leicht bitteren Mandellikör, oder den *madeira*, einen Aperitifwein von den terrassenförmigen Hängen der Insel Madeira.

Keramik, Kacheln und Kork

Die traditionellen Produkte
des Kunsthandwerks lohnen einen Einkauf allemal

In Portugal wird es immer schwieriger, das von Touristen so gesuchte ländliche, noch ursprüngliche Leben zu finden. In Kleinstädten, vor allem jedoch in den Dörfern trifft man sie dann und wann noch an: die Tante-Emma-Geschäftchen und Kramläden. Doch mit dem Handeln ist es auch in Portugal schon fast vorbei; immer mehr Verkäufer beugen dem Feilschen mit einem kleinen Schild *preço fixo* – fester Preis – vor. Allenfalls bei Waren, die von Einheimischen ohnehin kaum gekauft werden, etwa bei Souvenirartikeln, kann man noch sein Glück versuchen.

Beliebte Mitbringsel sind Korbwaren, Flechtereien, Filigranschmuck aus Gondomar (bei Porto), Keramikartikel, Silber- und Goldschmuck (am preiswertesten in Porto), Korkarbeiten aus dem Alentejo, Trachtenpuppen aus Nazaré und natürlich *azulejos*.

Der portugiesische Hahn – ob aus Holz, Keramik oder Porzellan – ist in den Souvenirshops des Landes allgegenwärtig

Märkte und Markthallen
Fast jedes Städtchen des Landes hat seine Markthalle; hier gibt es Obst, Gemüse, Blumen, Fleisch und Fisch. Auf den Wochenmärkten (fast in jedem größeren Ort) gibt es nahezu alles vom Vieh über Kleidung, Gemüse und Kleinmöbel bis hin zu Geschirr und Toilettenschüsseln.

Keramikartikel
Es gibt schwarze (aus den Bergregionen), rote (aus dem Norden), weiße (aus dem Süden) und stark verzierte, bunte Keramik (aus der Landesmitte). Fabriken sind über das ganze Land verstreut, einige davon können besichtigt werden, etwa die Manufaktur im Dörfchen Condeixa-a-Nova, ca. 15 km südlich von Coimbra. In langen Reihen sitzen junge Mädchen auf niedrigen Schemeln und malen mythologische Szenen und Jagdmotive auf Teller, Vasen, Krüge und Tassen. Die Motive sind jedem Touristen bekannt: Es sind die Figuren der Fußbodenmosaike von der wichtigsten römischen Ruinenstadt der Iberischen Halbinsel Conímbriga – nicht

Blumenstand in Lissabon

einmal zwei Kilometer von Condeixa entfernt. In einem Show-Room der Fabrik wird die Keramik auch verkauft.

Derber und rustikaler ist die rötliche Keramik aus dem Norden. Innen glasiert, mit gelblichen Strichen, passen diese Krüge, Teller und Kasserollen ausgezeichnet zu volkstümlicher Hausmannskost.

Die schwarz gebrannte Keramik hat in den letzten Jahren in Portugal an Popularität verloren, obwohl sich die Gefäße gut zum Braten im Backofen eignen; allerdings benötigt man für jedes Gericht einen eigenen Topf, da sich der Geschmack des Gebackenen in den Topf hineinfrißt. Vor dem Kauf sollte man leicht an das Gefäß klopfen; am Klang (je höher, desto besser) kann man seine Qualität erkennen.

In der Region um Alcobaça und Mafra (nördlich von Lissabon) sind die Keramikwaren fayencenartig und bunt.

Seit ein paar Jahren bieten die Händler weniger folkloristische Waren an, sondern mehr und mehr Gegenstände, die mit typischer Volkskunst nichts mehr zu tun haben.

Portwein

Auf den Geschmack des Portweines kamen als erste die Engländer vor bereits knapp dreihundert Jahren. Daher stammen noch die englischen Bezeichnungen auf den Etiketten. Wenn da etwa *tawny* steht, bedeutet das, daß der Portwein leicht süß, von bräunlicher Farbe ist und recht lange in den Eichenfässern gelagert war, ehe er in Flaschen abgefüllt worden ist. *Crusted* ist ein früh zur Flaschengärung abgefüllter guter Portwein, allerdings kein Jahrgangswein. *Red* steht für einen jungen, süßen Portwein, *ruby* für einen mittelalten, sehr fruchtigen Portwein. *Vintage* besagt, daß es sich um einen besonders guten Jahrgang handelt. Kellereien in Vila Nova de Gaia bieten nicht nur Führungen an, sondern verkaufen ihren Portwein auch direkt.

Stickereien

Portugal ist bekannt für seine in Handarbeit gefertigten Tischdecken mit kunstvollen Lochstickereien. Die meisten kommen aus der Region von Viana do Castelo, Amarante und aus Castelo Branco.

Textilien

Hauptsächlich im Norden Portugals sind in den vergangenen Jahren Textilfabriken wie Pilze aus dem Boden geschossen und haben im Nu die Kleider- und Schuhfabrikation zu Portugals wichtigstem Industriezweig gemacht. Fabrikverkäufe werden über die Medien und Touristeninfoblätter publiziert. Eine breitere Auswahl an Waren zweiter Wahl findet man jedoch auf den Wochenmärkten.

Wallfahrten und Prozessionen

Viele portugiesische Feste und Feiern sind religiösen Ursprungs

1. Januar *(Neujahr)*
Karnevalsdienstag
Karfreitag
25. April *(Jahrestag der Revolution)*
1. Mai *(Tag der Arbeit)*
Fronleichnam
10. Juni *(Nationalfeiertag – Dia de Camões)*
15. August *(Mariä Himmelfahrt)*
5. Oktober *(Gründungstag der Republik, 1910)*
1. November *(Allerheiligen)*
1. Dezember *(Befreiung von Spanien, 1640)*
8. Dezember *(Unbefleckte Empfängnis Mariä)*
25. Dezember *(Weihnachten)*

FESTE

Costa Verde

Karwoche: Festas da Semana Santa in Braga; Prozessionen durch die geschmückten Straßen der Stadt
21. – 23. April: Romaria do Bom Jesus in Fão – Esposende; Prozession und Volksfest
3. – 5. Juni: Festas do Senhor in Matosinhos; Jahrmarkt, Volksfest, Kirmes

Fronleichnamsprozessionen in Penafiel und Monção
23. – 24. Juni: ★ *Festas de S. João* in Porto und Braga. In der Nacht zum Johannistag sind die Innenstädte gesperrt, es gibt ein einziges großes Volksfest. Die Feiernden klopfen sich im Vorbeigehen mit Knoblauchblüten und kleinen Plastikhämmern auf den Kopf. Zum Abschluß ein großes Feuerwerk.
17. – 20. Aug.: ★ *Romaria de Nossa Senhora da Agonia* in Viana do Castelo; in und bei der Barockkirche findet das größte Volksfest im Norden des Landes statt.

Montanhas

30. April: Romaria da Senhora do Almurtão in Idanha-a-Nova; Prozession und Volksfest
5. Juli – 5. Aug.: Feira de S. Tiago in Mirandela
25. – 26. Aug.: Festas de Santa Bárbara in Miranda do Douro
Anfang Sept.: Wallfahrt zur Kirche Nossa Senhora dos Remédios in Lamego. Jedes Jahr kommen Tausende von Gläubigen zu dieser der Muttergottes geweihten Kirche. Anfang

September wächst der Strom der Pilger, es finden große Prozessionen statt, und die Wallfahrten werden zu einem folkloristischen Fest für die Besucher aus nah und fern.

Costa de Prata

Feb.: Festa de S. Grão in Nazaré; am Samstag vor Fasching Prozession im kleinen Wäldchen vor Nazaré. Viele kommen verkleidet; anschließend großes Picknick im Wald.

Karwoche: Festas da Semana Santa in Óbidos; Prozession

12. – 13. Mai: Wallfahrt in Fátima

12. – 13. Okt.: Wallfahrt in Fátima

Lissabon und Umgebung

13. Juni: Festas dos Santos Populares in Lissabon

29. Juni: Festa de S. Pedro in Sintra

30. Juni – 2. Juli: Festas do Colete Encarnado in Vila Franca de Xira (mit Stierkämpfen)

5. Juli – 28. Aug.: Feira do Artesanato de Estoril; Volkskunstmarkt/ Messe

8. – 11. Sept.: Festas da Senhora da Boa Viagem in Moita (mit Stierkämpfen)

Eine farbenprächtige Prozession zu Ehren der Muttergottes der Rosen können Sie in Vila Franca do Lima bei Viana am zweiten Wochenende im Mai erleben

Der wegen seiner Marienerscheinung bekannt gewordene Wallfahrtsort Fátima zieht Jahr für Jahr unzählige Gläubige an, ganz besonders im Mai und im Oktober

Planícies

1. – 10. Juni: Feira Nacional da Agricultura in Santarém; landwirtschaftliche Messe

24. – 29. Juni: Feira de S. João in Évora

10. – 15. Aug.: Feira de Agosto in Beja

Algarve

Jan.: Fest der Mandelbaumblüte in Vilamoura

Faschingszeit: Festas do Carnaval in Loulé

Ostern: Romaria da Senhora da Piedade in Loulé; Prozession

MARCO POLO TIPS FÜR FESTE

1 Viana do Castelo
Romaria de Nossa Senhora da Agonia (dritte Augustwoche) mit Folklore, Trachten und Feuerwerk (Seite 27)

2 Porto
Festas de S. João, ein einziges großes Volksfest in der Nacht zum Johannistag (Seite 27)

Die Costa Verde: schönste Landschaft Portugals

*Die grüne Küste lockt
mit schönen Stränden und einem interessanten Hinterland*

Diese Region macht ihrem Namen alle Ehre. Das atlantische Klima mit reichen Niederschlägen und nur zwei bis drei regenarmen Monaten (Juni–August) und die Flüsse Minho, Lima, Cávado, Tâmega und Douro lassen eine auffallend grüne Landschaft entstehen, die von vielen Besuchern als die schönste Portugals gepriesen wird. Die Bauern, die alle nur wenig Land ihr eigen nennen, nutzen jeden Quadratmeter zum Anbau von Mais,

Die Kreuzwegtreppe vor der Kirche Bom Jesus do Monte bei Braga

Weizen, Kartoffeln und dem hohen, langstieligen Kohl, der als Grundzutat der Suppe *caldo verde* dient. Nicht selten wird zweimal geerntet. Der Wein, dessen Reben den köstlichen *vinho verde* ergeben, rankt sich hier an Bäumen, Stangen und Granitpfosten so hoch, daß er mit Leitern beschnitten und gelesen werden muß. Trotz der Nähe zum Meer leben nur wenige Menschen vom Fischfang, der heute aber im Gegensatz zu früher mit motorisierten Booten und modernen Geräten betrieben wird. Die Bevölkerung, die meist in kleinen Granithäusern

---

Hotel- und Restaurantpreise

Hotels
Kategorie 1: über 160 DM
Kategorie 2: 90 bis 160 DM
Kategorie 3: bis 90 DM
Die Preise gelten für zwei Personen im Doppelzimmer mit Frühstück pro Nacht.

Restaurants
Kategorie 1: über 60 DM
Kategorie 2: 30 bis 60 DM
Kategorie 3: bis 30 DM
Die Preise gelten für ein Essen mit Vor-, Haupt- und Nachspeise.

MARCO POLO TIPS FÜR DIE COSTA VERDE

1 Sandstrand in Ofir
Ausgedehnter Dünenstrand
mit Pinienwald (Seite 35)

2 Der Markt von Barcelos
Berühmt für die Keramiken
und geschnitzten Ochsen-
joche (Seite 34)

3 Bom Jesus do Monte
Wallfahrtskirche bei Braga
mit monumentaler Kreuzwegtreppe (Seite 34)

4 Peneda-Gerês-Nationalpark
Natur kann hier in ursprüng-
licher Form und wilder
Schönheit erlebt werden
(Seite 35 und 41)

5 Sport und Spaß in Espinho
Lange Sandstrände laden
zum Baden ein, und auch
danach ist mit Golfplätzen,
Spielkasinos und Nachtclubs
für Unterhaltung gesorgt
(Seite 39)

lebt, hängt trotz harter Arbeit und Armut am alten Brauchtum; es ist ein Erlebnis besonderer Art, hier an Volksfesten mit lebendiger Folklore teilzunehmen. Das darf aber nicht darüber hinwegtäuschen, daß die Armut gerade in diesem Gebiet Tausende in die Emigration getrieben hat. Doch die sich entwickelnde Industrie und der aufkommende Tourismus haben in den letzten Jahren mit Erfolg auch dieser Region etwas vom großen Kuchen abgegeben.

BRAGA

(B 2) Wer sich Braga vom Meer her nähert, durchfährt eine immergrüne Hügellandschaft; Kleinbauern bewirtschaften die durch Granitmauern voneinander getrennten Felder. Braga ist für sie wie für die 170 000 Einwohner der Stadt der Mittelpunkt der Welt. Nicht nur, weil »Bracara Augusta« schon zur Römer- und Araberzeit der wichtigste Verkehrsort Nordportugals war, auch nicht, weil im Mittelalter hier zeitweise Könige residierten. Braga verdankt sein Ansehen den hohen geistigen Würdenträgern, den Erzbischöfen, die die Geschicke des Landes mitbestimmten, als Berater und Vermittler der Mächtigen, oft auch als deren Gegner und als eigene Herren. Immer war die hohe Geistlichkeit auch dem Weltlichen zugewandt. Und so erstaunt es nicht, daß neben Kirchen und Palästen aus Mittelalter und Barockzeit Kaufhäuser und Fabriken stehen; Braga ist heute eine moderne Großstadt.

BESICHTIGUNGEN

Antigo Paço Episcopal

Der Bücherfreund wird in der großen Bibliothek im ehemaligen Bischofspalast von der Fülle vor allem an alten Handschriften überwältigt sein. *Mo–Fr 9–18 Uhr, Eintritt frei, Rua do Souto*

Kathedrale (Sé de Braga)

Mitten in der Altstadt ragt die Kathedrale mit ihren beiden massigen Türmen wie ein Massiv aus dem Häusermeer. An einen romanischen Bau aus dem 11. und 12. Jh. erinnern nur noch die Bögen des Hauptportals und das schöne *Südportal*. Ansonsten ist durch ein dauerndes Verändern und Umbauen ein Gotteshaus entstanden, an dem alle Baustile studiert werden können. Das achteckige manuelinische *Taufbecken* im Inneren, die mit allegorischen Figuren reich geschmückte Orgel und der steinerne *Altaraufsatz* mit Christi-Himmelfahrts-Motiven sind neben den beiden *Mariendarstellungen* (Santa Maria de Braga im Inneren und die stillende Gottesmutter außen an der Rückseite des Chors) der Stolz eines jeden Bragensers. Schön sind auch die beiden Kreuzgänge: die *Capela da Gloria*, mit Wappen und Kachelbildern geschmückt, und die gotische *Capela dos Reis*.

Palácio dos Biscainhos

Beim Gang durch die Stadt fallen immer wieder die großen, granitenen Herrensitze *(solares)* und Bürgerhäuser auf. Sehenswert sind die *Casa de Avelar* (nur von außen) und der Palácio dos Biscainhos *(Museum)*. *Di–So 10 bis 12 und 14–17 Uhr, Eintritt 400 $, Rua dos Biscainhos*

MUSEUM

Museum für sakrale Kunst

Schatzkammer, Museum für sakrale Kunst und Grabkammern sind an die Kathedrale angeschlossen. Hier befinden sich nicht nur der Kirchenschatz, sondern alle Dinge, die bei der christlichen Liturgie je in Gebrauch gewesen sind: Meßgewänder, Gefäße aller Art, Kel-

che, Kreuze und Bilder. Eine Ordnung, nach der die Gegenstände präsentiert werden, ist nicht erkennbar. Unser Tip: das barocke Chorgestühl und zwei Orgeln (18. Jh.), die jeden Sonntag im Gottesdienst um 11 Uhr gespielt werden. Sehenswert sind auch die drei Grabkammern, vor allem das barocke Grab des ersten Bischofs von Braga, S. Geraldo, das einem vergoldeten Hochaltar gleicht, zu dem die mit *azulejos* verkleideten Wände einen nüchternen Gegensatz bilden. *Di–So 9–12 und 14–17 Uhr, Eintritt 300 $, bei der Kathedrale*

RESTAURANTS/CAFÉS

Die Küche von Braga wird durch die Nähe des Meeres und die fruchtbaren Felder rings um die Stadt bestimmt. Fisch und Meeresfrüchte stehen auf jeder Speisekarte. Besonderheiten sind der geröstete Stockfisch, der Fleisch- und Gemüseeintopf (*cozido à portuguesa*) und gebratene Ziege (*cabrito assado*). Die Kohlsuppe (*caldo verde*) mit Räucherwurst und Maisbrot (*broa*) war zwar das Essen der armen Leute, aber sie ist ebenso zu empfehlen wie die typischen Tiegelgerichte. In Braga hat man eine Vorliebe, um nicht zu sagen eine Leidenschaft für Süßigkeiten: Probieren Sie unbedingt einmal *toucinho do céu* (Himmelsspeck), *rabanadas* (arme Ritter) oder *bolo rei* (Königskuchen).

Café Lusitana

◈ Seit Jahrzehnten das beste Café, immer überfüllt, aber mit den besten Stückchen. *Rua Justino Cruz/Jardim de Santa Bárbara*

Kastanien auf dem Markt in Barcelos

A Ceia
Preiswert, mit regionaltypischer Küche. *Rua do Raio, Tel. 053/ 239 32, Kategorie 2*

O Inácio
Beliebtes und relativ preiswertes Gasthaus. *Campo das Hortas 4, Tel. 053/61 32 35, Kategorie 2*

HOTELS

Castelo de Bom Jesus
Auf dem gleichnamigen Berg empfiehlt sich für Individualisten das Schlößchen mit 13 liebevoll hergerichteten Zimmern und Swimmingpool. *Monte do Bom Jesus, Tel. 053/67 65 66, Fax 67 76 91, Kategorie 1–2*

Hotel do Parque
Hoch oben auf dem Monte do Bom Jesus, im Park versteckt, findet sich das exklusive Haus. Die Mahlzeiten werden im gegenüberliegenden Hotel do Elevador eingenommen. Vom ☟ Speisesaal hat man einen herrlichen Blick über Braga. *50 Zi., Monte do Bom Jesus, Tel. 053/ 67 65 48, Fax 39 11 02, Kategorie 1*

Residencial São Marcos
Sauber, etwas einfach, aber durchaus empfehlenswert. *13 Zi., Rua de São Marcos 80, Tel. und Fax 053/771 77, Kategorie 3*

AUSKUNFT

Turismo
Av. da Liberdade 1, Tel. 053/ 225 50, Mo–Fr 9–19 Uhr, Sa 9–12 und 14–17 Uhr

ZIELE IN DER UMGEBUNG

Barcelos   (B 2)
Wer von Braga donnerstags zum ★ Markt nach Barcelos fährt, sollte den kleinen Umweg von 4 km in Kauf nehmen und die vorromanisch-byzantinische Kirche *São Frutuoso* (7. Jh.) besuchen. In Barcelos sehenswert: die typisch portugiesische Barockkirche *Bom Jesus da Cruz*. Auf dem Markt ersteht man für wenig Geld den berühmten Hahn oder Töpfer-, Schnitz-, Korb-, Lederwaren und Textilien. *Restaurante Dom António* (gute Küche, zu empfehlen: *bacalhau à Dom António, arroz de marisco), Rua D. António Barroso, Tel. 053/ 81 22 85, Kategorie 2*

Bom Jesus do Monte   (B 2)
★ ☟ 7 km von Braga entfernt liegt die Wallfahrtskirche Bom Jesus do Monte, zu der eine barocke Treppe, als Kreuzweg gestaltet, hinaufführt. Oben angekommen, genießt man einen herrlichen Blick und fährt dann über *Sameiro*, einen Wallfahrtsort in monumentalem Stil, etwa 10 km weiter in südöstlicher

Richtung zur *Citânia de Briteiros*, einer keltiberischen Siedlung (etwa 800 v. Chr.).

Esposende und Ofir (B 2)

Von Barcelos ist es nur ein Katzensprung (15 km) nach Esposende, wo der Cávado in den Ozean mündet. Der feine ★ Sandstrand zieht sich von Ofir an der südlichen Mündung über Apúlia hinunter bis nach Póvoa de Varzim und Vila do Conde, wo er von Klippen und Felsen hier und da unterbrochen wird. Zwischen Pinienwald und Meer, direkt am Strand, liegt das große *Hotel Sopete Ofir* mit erholsamem Ambiente und parkähnlichem Garten *(191 Zi., Av. Raul Sousa Martins, Tel. 053/98 13 83, Fax 98 18 71, Kategorie 1–2)*. Zwischen Apúlia und Ofir stehen direkt am Meer mehrere urige Fischrestaurants. Wir empfehlen wegen der ausgezeichneten Sardinen *A Cabana (Lugar Cedovem, Tel. 053/ 98 20 65, Kategorie 3)*.

Guimarães (C 2)

In der »Wiege der Nation«, (1111 wurde hier Afonso Henriques, der erste König Portugals, geboren) sollte man sich mindestens einen Tag aufhalten. Der Besuch der *Burg* (Bronzefigur des Königs von Soares dos Reis) und des *Palastes* der Herzöge von Bragança ist ein Muß. Ebenso zu empfehlen ist das *Museu de Alberto Sampaio*, vor allem wegen der Gold- und Silberarbeiten (Núcleo de Ourivesária), und das *Museu Martins Sarmento*, das viele Funde aus der Citânia de Briteiros enthält. *Burg und Palast: tgl. 9 bis 17 Uhr, Eintritt 300 $; Museu de Alberto Sampaio Di–So 10–12.30 und 14–17.30 Uhr, Eintritt 250 $,*

So Eintritt frei; Museu Martins Sarmento Di–So 9.30–12 und 14–17 Uhr, Eintritt 200 $; Restaurant: El Rei, Praça São Tiago 20, Tel. 053/ 41 90 96, Kategorie 2; Hotel: Hotel Toural, 31 Zi., Largo do Toural, direkt an der alten Stadtmauer, neu eingerichtet, Tel. 053/51 71 84, Fax 51 71 49, Kategorie 1–2

Peneda-Gerês-Nationalpark (B-C 1)

★ Ein Genuß ganz anderer Art ist eine Fahrt von Braga nordöstlich in den Peneda-Gerês-Nationalpark auf der N 103. Bevor man hinauf zu den *barragens* (Stauseen) fährt, sollte man von der ⚡ Terrasse der Pousada de São Bento (an der N 304 zwischen Cerdeirinhas und Canicada) den Anblick der überwältigenden Landschaft genießen.

(B 3) Wer Porto von seiner schönsten Seite sehen will, fährt auf der oberen Fahrbahn der Ponte de Dom Luís I hinüber zu dem ehemaligen Kloster Nossa Senhora da Serra do Pilar in Vila Nova de Gaia. Von hier hat man einen herrlichen Blick auf die zweitgrößte Stadt des Landes (ca. 350 000 Ew.), die sich stolz auf einem Granitfelsen hoch über dem steilen Ufer erhebt. Fünf Brücken überspannen den Douro, der sich tief unten dem nahen Ozean entgegenwälzt, darunter die von Gustave Eiffel erbaute alte Eisenbahnbrücke und die Ponte de Dom Luís I mit ihren zwei übereinanderliegenden Fahrbahnen. Am jenseitigen Ufer drängen sich die mit bunter Wäsche verdeckten Häuser ganz dicht an das Wasser heran, nur durch eine

Straße von ihm getrennt. Wie Schwalbennester kleben die Häuser dahinter an dem Felsen, auf dessen Spitze sich die trutzige Kathedrale erhebt.

BESICHTIGUNGEN

Azulejos

In Porto gibt es viele *azulejo*-verzierte Gebäude, zum Beispiel die *Bahnhofshalle Estação de S.Bento*, die Außenfassade der *Capela das Almas,* die *Igreja do Carmo* und den Klostergang der Sé (Kathedrale). Moderne Kachelbilder findet man im *Túnel da Ribeira* (am Douroufer).

Cedofeita

Die älteste Kirche Portos. Einschiffig, schmucklos, aus grauem Granit, vermittelt sie etwas vom frommen Geist einer längst vergangenen Zeit.

Foz do Douro

Hier, direkt am Meer, residierten ehemals die Reichen der Stadt. Viele der prächtigen Villen mußten in den vergangenen Jahren modernen Wohnkomplexen weichen. Dennoch ist ein Spaziergang an der Esplanade vom *Castelo do Queijo* durch die Parkanlage zur Mündung des Douro lohnend. Nicht versäumen: einen Drink in einem der Cafés direkt an der *Mole (Praia do Molhe).*

Igreja da Misericórdia

An der Misericórdia-Kirche geht man wegen des bekannten Bildes »Fons Vitae« aus dem 16. Jh. nicht vorbei.

Igreja de São Francisco

Einen Steinwurf weit von der Börse entfernt steht die sehenswerte Igreja de São Francisco. Nur von außen erkennt man den gotischen Stil (14.Jh.), betritt die Kirche aber durch ein barokkes Portal und ist überwältigt von der verschwenderischen Pracht der *talha dourada* (des für den portugiesischen Barock so typischen, mit Blattgold verzierten Holzschnitzwerks) an den beiden Schnitzaltären; Besitzerstolz über brasilianisches Gold ist hier zu dekorativer Kunst geronnen.

Kathedrale (Sé)

Die Kathedrale von Porto hat ihren ursprünglichen Charakter als

Blick auf Porto vom Ufer des Portweinflusses Douro

Wehrkirche aus dem 12. Jh. fast völlig verloren. Umbauten in allen Jahrhunderten, vor allem im 18. Jh., haben aus der bodenständigen romanischen Kirche ein Gebilde geschaffen, das nicht so recht begeistern kann. Deshalb schaut man sich am besten gleich den vielgerühmten *Silberaltar* in der Sakramentskapelle im linken Kirchenschiff an, an dem die berühmtesten Gold- und Silberschmiede Portos 100 Jahre lang gearbeitet haben. Außerdem: gotischer *Kreuzgang* mit den Kachelbildern zum Hohenlied und zu Ovids Metamorphosen.

Ribeira-Viertel

Enge Gassen, schmutzige Ecken, bettelnde Kinder und armselige Geschäfte. Armut und Reichtum, Glanz und Elend stoßen in Porto auf engstem Raum aufeinander. Gleich nebenan, auf der *Praça Infante Dom Henrique*, steht die *Börse*, eine besondere Sehenswürdigkeit der reichen Kaufmannsstadt Porto. Die *Praça da Ribeira* (direkt am Fluß) wird an Wochenenden ab 23 Uhr zum In-Treffpunkt der Jugend.

Torre dos Clérigos

Der höchste Kirchturm Portugals gilt zugleich als das Wahrzeichen Portos. Blick über Stadt, Fluß und Meer in der Nähe der großzügig angelegten *Praça da Liberdade*.

MUSEEN

Fundação de Serralves

Neues Kulturzentrum für moderne Kunst in herrlicher Parkanlage. *Di–Fr 14–18, Sa und So 10–18 Uhr, Eintritt 350 $, Rua de Serralves 977*

Museu do Carro Elétrico

Die Geschichte der Straßenbahnen von Porto; alte Bahnen liebevoll restauriert. Unbedingt lohnend. *Di–So 9.30–13 und 15 bis 20 Uhr, Eintritt 300 $, Rua Bazílio Teles 51, direkt am Douroufer*

Museu Nacional de Soares dos Reis

Vor- und frühgeschichtliche Funde, portugiesische Gemälde und Skulpturen, Teppiche und Goldschmiedearbeiten. Unser Vorschlag: die Skulpturen von Soares dos Reis (1847–89), vor allem: Desterrado (Marmor), Pescador, Música, Riqueza und Narciso (alle in Bronze). *Di–So 10–12.30 und 14–17.30 Uhr, Eintritt 350 $, Rua Dom Manuel II*

RESTAURANTS UND CAFÉS

Die Portuenser gelten nicht umsonst als *tripeiros* (Innereienesser), ein Beiname, den sie sich im 14. Jh. erworben haben, als sie für eine Expedition Heinrichs des Seefahrers alle Fleischvorräte zur Verfügung stellten und nur die Eingeweide für sich behielten. Aus der Not wurde eine Tugend, und kein Besucher Portos läßt sich heute die *tripas à moda do Porto* entgehen, jenes typische Gericht aus Kutteln, Hühnerfleisch, Wurst, Speck, weißen Bohnen und allerlei Gewürzen. Das beliebteste Restauranteck der Stadt liegt im Ribeira-Viertel direkt am Douro (*Cais da Ribeira*). Hier kann man gut essen (Spezialität: frischer Fisch), z.B. bei *D. Tonho* oder im *Mercearia*.

Churrascaria Central dos Clérigos

Ein richtig typisches Ecklokal mit *azulejo*-verziertem Speisesaal. *Rua da Fábrica 69, Tel. 02/ 200 80 77, Kategorie 3*

Don Manoel
◀▶ Edel, in stilvoller Villa in Foz do Douro mit Meeresblick. *Av. Montevideu 384, Tel. 02/617 23 04, Kategorie 1*

O Escondidinho
Erstklassige Küche, rustikal-schickes Ambiente. Vorbestellen! *Rua de Passos Manuel 144, Tel. 02/200 10 79, Kategorie 1*

Majestic Café
Schönstes Caféhaus der Stadt. *Rua de Santa Catarina 112*

Portofino
Dezent vornehm und trotzdem noch typisch. *Rua do Padrão 103, Tel. 02/617 73 39, Kategorie 2*

EINKAUFEN

Ideal zum Bummeln: *Rua de Santa Catarina* mit vielen Geschäften, Boutiquen, Cafés und dem neuen Shopping-Zentrum *Via Catarina.* Markthallen: *Mercado do Bolhão (Innenstadt)* und *Mercado do Bom Sucesso (Rotunda da Boavista).* Schuhe und Lederwaren findet man vorwiegend in der *Rua de Cedofeita* und *Rua Santo António.* Gold- und Silberarbeiten konzentrieren sich in der *Rua das Flores.* Das größte Einkaufszentrum Nordportugals ist *Gaia Shopping* mit 170 Geschäften (*Vila Nova da Gaia, an der A 1*).

HOTELS

Hotel da Boa-Vista
Altes, gediegenes Haus mit Blick auf die Mündung des Douro. *39 Zi., Esplanada do Castelo 58, Foz do Douro, Tel. 02/618 31 75, Fax 617 38 18, Kategorie 2*

Hotel Infante de Sagres
Mit Abstand das beste Hotel der Stadt. Gediegene Eleganz. *72 Zi., Praça D. Filipa de Lencastre 62, Tel. 02/200 81 01, Fax 31 49 37, Kategorie 1*

Pensão Rex
Einfach, aber in einem schönen alten Wohnhaus. *21 Zi., Praça da República 117, Tel. 02/200 45 48, Fax 208 38 82, Kategorie 3*

AM ABEND

O Mal Cozinhado bietet den besten Fado der Stadt (*Rua do Outeirinho 11*). Minimumverzehr: 5000 $. Bars und Diskotheken gibt es in der *Rua Passeio Alegre 553 und 1000: Trintaeum 31* (gediegene Bar, älteres Publikum), *Viva* (High-Tech-Bar), *Macedo* (edles Restaurant und Bar) und *Twins* (Diskothek). New Wave in der Nachtbar *Quando Quando (Avenida do Brasil 60).* In-Treffpunkt der Jugend: ⚓ *Praça da Ribeira*; viele Cafés, Bars, Kneipen – aber nicht vor 23 Uhr!

AUSKUNFT

Turismo
Praça D. João I, Tel. 02/31 75 14, Mo–Fr 9–19 Uhr, Sa/So 9–16 Uhr

ZIELE IN DER UMGEBUNG

Dourotal   (B–C 3)
Bevor man nach *Vila Nova de Gaia* zum Besuch einer Portweinkellerei fährt, unternimmt man am besten eine Fahrt ins Dourotal, um die Heimat des Weines kennenzulernen, der

den Namen der Stadt in alle Welt getragen hat. Man fährt mit der Eisenbahn oder mit dem Schiff nach Régua. Wer nicht viel Zeit hat, sollte wenigstens eine kurze Fahrt auf dem Douro unternehmen. Abfahrt: Cais da Ribeira oder Cais da Estiva. Empfehlenswerte Kellereien in Vila Nova: *Caves Burmester, Tel. 02/379 96 38; Caves Ferreira, Tel. 02/370 00 10; Caves Sandeman, Tel. 02/370 22 93*

Espinho (B 3)

Wer die Großstadt leid ist und sich für ein paar Stunden erholen will, fährt nach Süden an die langen Sandstrände von Miramar, Granja und Espinho. Am Strand von *Miramar*, in der kleinen, von Wellen umbrandeten Kirche auf einem Felsen, kann der Besucher gelegentlich Fischersfrauen vor dem großen Kruzifix beobachten, wie sie dem Herrgott mit lauter Stimme ihr Leid klagen. Wer in das sich immer moderner gebende ★ *Espinho* mit den großen Hotels, Nachtclubs, Spielkasinos und Golfplätzen fährt, sollte vorher am Bahnhof in Granja anhalten und sich die herrlichen *azulejos* mit Bildern verschiedener portugiesischer Städte anschauen.

Matosinhos (B 2–3)

Die Hafen- und Industriestadt (Fischkonserven, Raffinerien) sollte man wegen der schönen Barockkirche *Bom Jesus* besuchen. Abends tanzt man in den Diskotheken *Buffalos* und *Cais 477.*

VIANA DO CASTELO

(B 1) 〰️ Über der Stadt erhebt sich der Monte Santa Luzia.

Nicht wegen der neobyzantinischen Wallfahrtskirche fährt man hinauf (Auto oder Bergbahn), schon eher wegen der keltiberischen Citânia, vor allem aber wegen der Aussicht über die Stadt (ca. 18 000 Ew.), die schon von den Römern die »Schöne« genannt worden ist. Wir blicken auf die 736 m lange, doppelstöckige Eisenbrücke, die Eiffel über den Lima gelegt hat, auf den Hafen, der den Reichtum der Stadt begründet hat, auf den neuen Yachthafen und auf die Dächer der granitenen Gemeinde mit ihren stolzen Bauten, den schönen *solares* (Herrenhäusern) aus der »goldenen Zeit«.

BESICHTIGUNGEN

Castelo de São Tiago da Barra

Man sollte einen Rundgang über die Mauern der alten Festung bei einem Besuch nicht versäumen. *Südwestlich der Innenstadt*

Igreja Nossa Senhora da Agonia

Die Barockkirche sollte vor allem besuchen, wer zwischen dem 17. und 20. August in Viana ist; dann findet hier die wegen ihres Volksfestcharakters beliebte und berühmte Romaria statt. *Rua de Monserrate*

Igreja São Domingos

Auf dem Weg zum Regionalmuseum im westlichen Teil der Stadt lohnt ein Blick in diese Kirche wegen der überladenen Barockaltäre mit der typischen *talha dourada* (vergoldete Holzschnitzereien).

Marktplatz (Praça da República)

Wegen seiner in sich geschlossenen Anlage ist dieser Platz einer der besonders schönen in Portugal. Genau in der Mitte steht der wunderschöne, dreistöckige *Schalenbrunnen*, Anno 1551 von João Lopes-o-Velho geschaffen. Obwohl von dem gotischen *Rathaus* nur die Fassade mit Portikus und drei Stumpfbögen übrigblieb, wurde der mit dem manuelinischen Wappen (Sphärenkugel und Karavelle) und mit Zinnen geschmückte Granitbau zum Wahrzeichen von Viana do Castelo. Links steht die *Casa da Misericórdia* (ehemaliges Spital), ein Renaissancebau aus dem 16. Jh. Eindrucksvoll die Karyatiden, die das zweite und dritte Geschoß des vollendet komponierten Palastes tragen. Die *Misericórdia-Kirche*, 1559 von João Lopes-o-Moço erbaut, ist berühmt wegen ihrer lebendigen *azulejos* im Inneren. Wenn das Kirchenportal verschlossen ist, kann der Schlüssel im Erdgeschoß der Casa da Misericórdia abgeholt werden.

Ein paar Schritte weiter steht die Pfarrkirche *Matriz (Rua de Sacadura Cabral)*, in gotischer Zeit erbaut (1400 – 40), aber mit den wuchtigen, wehrhaften, zinnenbesetzten Türmen und der weiten Rosette über dem Portal mit sechs Apostelfiguren, über denen Christus thront, noch ganz dem Geist der Romanik verpflichtet. Der manuelinische Bogen im Inneren und das große Schiffsmodell in der *Capela dos Navegantes* (linkes Querschiff) machen den Besuch des Inneren zu einem lohnenden Erlebnis. Neben der Kirche steht die *Casa de João Velho*, das Wohnhaus eines Kaufmanns aus dem 15. Jh., wegen der Arkadenbögen auch *Casa dos Arcos* genannt.

Museu Municipal

Das Regionalmuseum ist vor allem wegen der von Policarpo de Oliveira (18. Jh.) bemalten *azulejos* im größten Raum berühmt. Die Bilder stellen in allegorischer Form Europa, Amerika, Afrika und Asien dar. Doch das Museum enthält darüber hinaus Keramiken, Skulpturen, Gemälde, Waffen und ausgesuchte Möbelstücke aus aller Welt. *Di bis So 9–12 und 14–16 Uhr, Eintritt 200 $, Largo São Domingos*

Costa Verde

Ein von den Einheimischen hochgeschätztes Restaurant. *Rua de Monserrate 411–413, Tel. 058/82 92 40, Kategorie 2*

Cozinha das Malheiras

Erst vor kurzem eröffnet, bestes Restaurant der Stadt. *Rua Gago Coutinho 19, Tel. 058/82 36 80, Kategorie 1–2*

3 Potes

Hier wird an jedem Freitag Folklore oder Fado als Zugabe geboten. *Beco dos Fornos 7–9, Tel. 058/82 99 28, Kategorie 2*

Pensão-Restaurante Guerreiro

Einfache Zimmer, gutes Essen, sehr preiswert. *17 Zi., Rua Grande 14, Tel. 058/82 20 99, Kategorie 3*

Hotel de Santa Luzia

Das Haus auf dem gleichnamigen Berg bietet nicht nur solide Gastlichkeit, sondern auch einen herrlichen Blick über Landschaft, Stadt und Ozean. *55 Zi., Tel. 058/82 88 89, Fax 82 88 92, Kategorie 1*

Hotel Viana Sol

Moderne und anspruchsvolle Ausstattung (Sauna, Squashplätze, Schwimmbad, Fitneßraum). *65 Zi., Largo Vasco da Gama, Tel. 058/82 34 01, Fax 82 89 97, Kategorie 2*

AM ABEND

Auf den ersten Blick scheint abends in Viana nicht viel los zu sein. Doch in den Diskotheken der großen Hotels, vor allem im *Viana Sol,* geht es hoch her. Jüngere Leute trifft man im 𝍏 *Nasoni,* in der 𝍏 *Indian Bar* und im 𝍏 *L'Amour.* Empfehlenswert sind darüber hinaus die typischen Folklorefeste, die gelegentlich auf privaten Quintas veranstaltet werden, so zum Beispiel auf der *Quinta do Santoinho, Darque, Tel. 058/240 81.*

AUSKUNFT

Turismo

Rua do Hospital Velho, Tel. 058/ 82 26 20, Fax 82 97 98, Mo–Sa 9.30–12.30 und 14.30–18 Uhr, So 9.30–12.30 Uhr

ZIELE IN DER UMGEBUNG

Peneda-Gerês-Nationalpark (B–C 1)

★ Landschaftlich schön ist eine Fahrt nach Osten über *Ponte de Lima* mit der sehenswerten Brücke und den rustikalen und doch ehrwürdigen Herrenhäusern und *Ponte da Barca* mit der kleinen romanischen Kapelle

und der hübschen Badepromenade am Fluß in den Nationalpark mit den Flüssen Lima, Homem und Cávado, deren Wasser in großen Seen zur Stromerzeugung gestaut werden. Die wilde Berglandschaft mit Wasserfällen, üppiger Vegetation und reichem Tierbestand begeistert den Naturliebhaber.

Valença do Minho (B 1)

Eine Fahrt von Viana do Castelo an der Küste entlang nach Norden bis nach Valença do Minho (50 km), wo der Fluß die Grenze zu Spanien markiert, ist ein Erlebnis besonderer Art. Die auffallend grüne Landschaft, intensiv bewirtschaftet, steht im Kontrast zu den grauen, granitenen Dörfern und dem schäumenden Weiß des Meeres. Bei *Âncora* überrascht den Besucher das *Großsteingrab* von Barrosa aus der Jungsteinzeit, in *Caminha* erfreut ihn die *Matriz,* wahrscheinlich die schönste Kirche aus dem 16. Jh. im Minho. Mit der Fähre kann man in *Vila Nova de Cerveira* nach Spanien hinüberfahren und die 🌿 Keltensiedlung auf dem *Monte Santa Tecla* mit über 1000 Rundhäusern besichtigen; herrlicher Blick auf die Minhomündung. *Überfahrt. PKW 250 $, Personen 60 $.*

In Valença wird ein Blick hinunter von den beeindruckenden 🌿 Festungsanlagen zur Brücke, auf das spanische Tui und die Landschaft jenseits des Grenzflusses reichlich belohnt. Ein Bummel durch die romantischen alten Gassen lohnt nicht nur wegen der vielen kleinen Restaurants, sondern auch wegen der Läden, die allerlei Baumwollartikel preiswert anbieten.

Hinter den Bergen, im Lande des Portweins

Die Bauern in Trás-os-Montes und
Beira Alta trotzen dem kargen Boden vielfältige Früchte ab

Die kahle Gebirgslandschaft nördlich des Douro, das Anbaugebiet des Portweins also, steht klimatisch nicht (wie das übrige Portugal) unter dem Einfluß des Ozeans, sondern hat kontinentales Klima: lange, heiße Sommer und kurze, kalte Winter. Auch südlich des »Goldflusses« (*ouro*, portugiesisch Gold) bis hin zur Serra da Estrela bleibt die Landschaft karg und steinig. Trotzdem sind überall, wenn Felsmassive es nicht gerade verhindern, Weinberge und Gärten angelegt, und Olivenbäume scheinen selbst auf Steinen zu wachsen. Dort, wo die Vouga, der Mondego und der Dão (bekannt durch die schweren Dão-Weine) nach Westen fließen, beginnen die ausgedehnten Wälder mit Eichen, Kastanien und Pinien. Hier, in dem wasserreichsten Gebiet Portugals, ist der Kampf um den Eukalyp-

Die Burg von Bragança erhebt sich
schützend über der Stadt

tusbaum, das »grüne Erdöl Portugals«, entbrannt. Einflußreiche Papierproduzenten haben ganze Eichenwälder abgeholzt und das Land mit schnell wachsenden Eukalyptusbäumen aufgeforstet. Umweltschützer sorgen sich nun um Böden, Grundwasserspiegel und um die Tierwelt.

Welche Fortschritte andererseits Portugal nach dem Eintritt in die EU auf wirtschaftlichem Gebiet gemacht hat, zeigen die vielen Neubauten und die Schnellstraße quer durch die Berge von Aveiro bis zur spanischen Grenze bei Vilar Formoso. Hier werden die beiden Länder, die bis in die Gegenwart hinein durch Vorurteile getrennt gewesen sind, sichtbar vereinigt.

BRAGANÇA

(**E 1**) Die Straße von Chaves am Parque Natural de Montezinho entlang nach Bragança ist kurvig. Für die knapp 100 km kann man je nach Verkehrsaufkommen bis zu drei Stunden benötigen. Für

Naturliebhaber jedoch lohnt sich die Strecke, besonders der Abzweig von Vinhais aus durch den Nationalpark nach Bragança (ca. 14500 Ew.), dem Stammsitz des gleichnamigen Königshauses.

BESICHTIGUNG

Altstadt
Über der Stadt thront die mittelalterliche Burg mit ihren uneinnehmbaren Mauern um die wuchtige ❧ *Torre de Menagem*. Sehenswert der hohe Schandpfahl (*pelourinho*) und die *Domus Municipalis*, ein Beispiel römischer Zivilarchitektur. Mitten in der Stadt die *Kathedrale* mit einem Kreuzgang aus Ziegelsteinen.

RESTAURANT

Restaurante Marisqueira
Einfaches, preiswertes Lokal. Spezialität: Fleischkuchen. *Av. do Sabor, Tel. 073/224 94, Kategorie 3*

HOTELS

Residencial Cruzeiro
Kleine Pension mit eigenem Restaurant. *27 Zi., Travessa do Hospital, Tel. 073/33 16 33, Kategorie 2*

Residencial Santa Isabel
Bestes Haus am Platz; aufmerksamer Service, gemütliche Atmosphäre. *14 Zi., Rua Alexandre Herculano 67, Tel. 073/33 14 27, Fax 269 37, Kategorie 2–3*

Residencial São Roque
Einfach, aber sauber und preisgünstig. *36 Zi., Zona da Estacada, Lote 26–27, Tel. 073/38 14 81, Kategorie 3*

AUSKUNFT

Turismo
Av. do 25 de Abril, Tel. 073/ 33 10 78

ZIELE IN DER UMGEBUNG

Chaves   (D 1)
Der Kurort wirkt von weitem eher nüchtern und durch die modernen Hochhäuser ziemlich verbaut, dennoch sollte man einen Bummel durch die Altstadt, den Burgpark und entlang den Thermen nicht versäumen. Lohnend ist der Aufstieg zur wuchtigen ❧ *Burg*; herrlicher Blick über Stadt und Umland. In der Burg: *Militärmuseum Di–So 14–17.30 Uhr, Eintritt 100 $)*. Am

MARCO POLO TIPS FÜR MONTANHAS

1 Weinstädtchen Lamego
Fahrt durch die landschaftlich reizvolle Heimat des Portweins in die alte Bischofsstadt (Seite 49)

2 Serra da Estrela
Rundfahrt durch das wildromantische »Sterngebirge« (Seite 48)

3 Kunst in Viseu
Ein Besuch des Museu de Grão Vasco mit den Gemälden des Fernandes Vasco (Seite 49)

4 Castelo Branco
Stickschule im Museu de Francisco Tavares Proença Júnior (Seite 46)

Largo das Caldas viele Restaurants und Bars; das *Carvalho (Tel. 076/ 217 21, Kategorie 2)* ist erst kürzlich als das beste Restaurant Nordportugals ausgezeichnet worden. Herrschaftlich wohnt man im schönen Landsitz *Quinta do Real (10 Zi., Tel. 076/962 53, Kategorie 3)* in *Matosinhos* ca. 15 km südlich der Stadt.

Vila Real (C 2)

Wie viele Städte Nordportugals wirkt auch Vila Real wegen der zersiedelten Vororte und der lieblos gebauten Hochhäuser wenig einladend. Doch im Zentrum hat der Ort seinen alten Charme erhalten. Einige Bürgerhäuser aus dem 16. und 18. Jh. erinnern noch an herrschaftliche Zeiten. Vila Real ist wegen der schwarzen Töpferwaren berühmt geworden. Wer Zeit hat und sehen will, wo der Mateus-Roséwein herkommt, der läßt sich etwa 4 km östlich der Stadt auf dem *Weingut der Familie Mateus* den barocken Herrensitz zeigen. Schön ist die Fahrt durch die wildromantische Serra do Marão ins 40 km westlich gelegene *Amarante* mit der alten Tâmega-Brücke.

CASTELO BRANCO

(**D 5–6**) Wenn auch von der alten Templerburg aus dem 13. Jh., von der die Stadt ihren Namen (»weiße Burg«) ableitet, nicht mehr allzuviel erhalten ist, so bietet sie doch einen weiten Blick über die Stadt und die sie umgebenden Olivenhaine. Hier oben wird dem Besucher zweierlei klar: Die grenznahe Stadt (ca. 45 000 Ew.) hat sich in unruhigen Zeiten durch mächtige Schutz- und Trutzmauern gegen äußere Feinde setzen müssen, und es ist kein Wunder, daß in Castelo Branco das beste Olivenöl von ganz Portugal gepreßt wird.

BESICHTIGUNG

Jardim Episcopal

Es ist nicht übertrieben, wenn selbst gute Kenner des Landes die barocke Gartenanlage zu der schönsten Portugals erklären. Nicht nur die kunstvoll geschnittenen Bäume und Sträucher, die verspielt angelegten Beete und Teiche haben den Ruhm des Gartens begründet, sondern auch und besonders die

Weinstädtchen Amarante mit Tâmega-Brücke am Fuß der Serra do Marão

vielen Statuen, die die terrassenartige Gartenlandschaft zieren. Krönung der kunstvollen Gestaltung ist der Treppenaufgang mit den portugiesischen Königen. Man mag über das eine oder andere Attribut streiten, das die einzelnen Könige charakterisieren soll, einig sind sich alle Portugiesen darüber, daß die spanischen Könige zu Recht kleiner dargestellt worden sind als ihre portugiesischen Vorgänger und Nachfolger. *Tgl. außer feiertags 9 Uhr bis Sonnenuntergang, Eintritt 50 $, Rua Bartolomeo da Costa*

Portugiesische und spanische Könige säumen den Treppenaufgang in Portugals schönster Gartenanlage

MUSEUM

Museu de Francisco Tavares Proença Júnior

★ Das Museum enthält in den unteren Räumen Funde aus der Vor- und Frühgeschichte der Umgebung. Im Obergeschoß werden Landwirtschafts- und Haushaltsgeräte gezeigt. Sehenswert ist die Gemäldesammlung mit portugiesischen Bildern aus dem 16. bis 20. Jh. Wir empfehlen allerdings die schöne und für Castelo Branco typische Colcha-

stickerei (kunstvoll gearbeitete Decken für Bett oder Tisch, die sich aber wegen ihrer Kostbarkeit eher als Wandteppiche empfehlen). Nur das Museum pflegt die Tradition dieser Stickerei. Auf naturfarbenem Leinen werden vorwiegend florale Motive, aber auch Tier- und Menschendarstellungen, entweder Ton in Ton, pastellfarben oder beige in verschiedenen Nuancen flächendeckend verarbeitet. Teile des Museums sind vorübergehend geschlossen. *Tgl. 9–12.30 und 14–17 Uhr, Eintritt 400 $, Rua Bartolomeo da Costa*

RESTAURANTS

Es empfiehlt sich, der traditionellen Küche der Region den Vorzug zu geben, vor allem den Gerichten mit Hammelfleisch. Natürlich muß man den berühmten Käse von Alcains und den aus der Serra probieren, der sogar zu den süßen Weinen Hermínios und Cavacas ausgezeichnet schmeckt.

Arcadia

◆ Gutes Restaurant, das wegen seiner Auswahl an regionalen Spezialitäten auch von den Einheimischen sehr geschätzt wird. *Rua Sidónio Pais, Tel. 072/219 33, Kategorie 3*

Praça Velha

Das beste Lokal der Stadt. *Praça Luís de Camões, Tel. 072/32 86 40, Kategorie 2*

HOTELS

Pensão Arraiana

Zu der gut geführten Pension (31 Zimmer mit Bad), gehört auch ein eigenes Restaurant. *Av. 1° de Maio 18, Tel. 072/216 34, Fax 33 88 14, Kategorie 2*

Hotel Colina do Castelo

Vielleicht das schönste Haus am Ort. *103 Zi., Rua da Piscina, Tel. 072/32 98 56, Fax 32 97 59, Kategorie 2*

Hotel Rainha D. Amélia

Neues Hotel, behindertengerecht und mit Restaurant im Haus. *64 Zi., Rua de Santiago 15, Tel. 072/32 63 15, Fax 32 63 90, Kategorie 1–2*

AM ABEND

Abends besucht man eine der vielen Bars, z. B. *O Património,* oder geht tanzen in die Diskothek 🏃 *A Alternativa* oder *República (8 km außerhalb an der N 112 Richtung Salgueiro).*

AUSKUNFT

Turismo

Alameda da Liberdade, Tel. 072/ 210 02, Sa – Mo 9–17, Di – Fr 9 bis 21 Uhr

ZIELE IN DER UMGEBUNG

Barragem da Idanha (D 5)

Rund 50 km nordöstlich von Castelo Branco wird in der Barragem da Idanha das Wasser des Rio Ponsul gestaut. Der Freizeitwert dieses Stausees ist so hoch, weil man hier weit weg vom Touristenrummel die Natur fast allein genießen kann. Ob das auch dann noch so sein wird, wenn in den nächsten Jahren der See für die meisten Wassersportarten erschlossen wird, muß die Zeit lehren.

Idanha-a-Velha (D 5)

Etwa 15 km vom Idanha-Stausee liegt Idanha-a-Velha, heute ein verlassenes Nest, einstmals die große römische Siedlung Civitas Egaetidanis und in frühchristlicher Zeit die Bischofsstadt Egitania. Die *Kirche* des Dorfes, die auf den Fundamenten eines römischen Tempels erbaut wurde, enthält eine Sammlung von Funden aus der Römer- und Westgotenzeit. Den Schlüssel für die Kirche muß man sich beim Küster abholen.

Monsanto (D 5)

🔆 Vom Burgberg mit den Mauerresten und Ruinen der Festungsanlage und einer Burgkirche hat man einen schönen Blick über das weite Land und das Dorf zu Füßen. Eng lehnen sich die grauen Granithäuschen an die Felsen, manchmal sind sie sogar regelrecht in das Gestein hineingehauen.

Doch beim Gang durch das Dorf über holpriges Pflaster beeindruckt es den Besucher, daß der Mensch sogar in dieser Steinwüste den Sinn für die Schönheit nicht verloren hat. Einfache, manuelinische Formen schmücken die Tür- und Fensterrahmen, leuchtende Blumen auf Fensterbänken und in Vorgärten machen das abgelegene Dorf zu einem wirklich idyllischen Fleckchen Erde. Trotzdem hat auch das Burgfest am ersten Sonntag im Mai mit seiner langen Tradition es nicht vermocht, die jungen Portugiesen an das Dorf zu binden. Immer mehr von ihnen verlassen Monsanto, und es ist abzusehen, wann das schöne Bergnest öde und ganz verlassen sein wird.

GUARDA

(**D 4**) Alles scheint in der höchst-gelegenen Stadt Portugals (ca. 25 000 Ew.) auf Abwehr und Schutz eingestellt zu sein: die ehemaligen Festungsanlagen und sogar die Sé (Kathedrale). Von der ☙ *Torre de Menagem* blickt man über die ganze Stadt. Erst wenn man die *Misericórdia-Kirche* mit ihrer überreichen Barockausstattung betritt oder über den Markt (1. und 3. Mittwoch im Monat) schlendert, spürt man, daß auch inmitten von kahlen Felsen und kalten Festungen der Sinn für das Schöne und für das Leben stets lebendig geblieben ist.

BESICHTIGUNG

Kathedrale (Sé)
Stilgemisch aus Gotik, Renaissance und Barock. Das wehrhafte Äußere steht in einem interessanten Kontrast zum manuelinischen Inneren. Der ☙ Dachstuhl kann bestiegen werden.

RESTAURANTS

In der *Rua Francisco de Passar* mehrere Restaurants. Besonders empfehlenswert: *O Reduto (Kategorie 3)*.

Restaurante O Telheiro
✪ Spezialitätenrestaurant. Unbedingt probieren: den lokalen Gebirgskäse *queijo da serra. Estrada Nacional 16, Tel. 071/21 13 56, Kategorie 2*

HOTELS

Pensão Pinto
Einfach eingerichtetes Haus. *17 Zi., Pombeira-Arrifana, Tel. 071/ 23 92 20, Fax 23 95 18, Kategorie 3*

Solar de Alarcão
Herrenhaus mitten im historischen Stadtteil. *3 Zi., Rua D. Miguel de Alarcão 25, Tel. 071/21 43 92, Fax 21 12 75, Kategorie 2*

Hotel Turismo da Guarda
Mittelklassehotel, elegant eingerichtet, mit Nightclub, Swimmingpool und Parkanlage. *106 Zi., Av. Coronel Orlindo de Carvalho, Tel. 071/22 33 66, Fax 22 33 99, Kategorie 1–2*

AUSKUNFT

Turismo
Praça Luís de Camões, Tel. 071/ 22 22 51

ZIEL IN DER UMGEBUNG

Serra da Estrela   (C–D 4)
★ Eine Bergtour durch die kleinen Orte Belmonte und Manteigas in den Nationalpark Serra da Estrela bietet alles, was der Naturfreund sich wünschen kann: bizarre Felsgebilde, tiefe Schluchten, wilde Bäche, schattige Wälder, weite Aussichten und erfrischende Bergluft.

VISEU

(**C 4**) Die alte Provinzstadt ist auf jeden Fall einen Besuch wert, denn Viseu (21 000 Ew.) hat sich seinen ländlichen Charme bewahrt: Wunderschön kann man hier über alte Plätze (z.B. Largo do Mouzinho) und durch enge Gassen, z.B. die Einkaufsstraße Direita, flanieren. Außerdem hat hier der bedeutende portugiesische Maler Vasco Fernandes, genannt Grão Vasco, im späten Mittelalter die legendäre Malerschule von Viseu gegründet; das ihm gewidmete Museum im Bischofspalais ist nicht nur für Kunstliebhaber ein Genuß.

BESICHTIGUNG

Kathedrale (Sé)

Das Gotteshaus aus dem 13. Jh. wurde im Laufe der Jahrhunderte immer wieder umgebaut. Dies ist deutlich sichtbar an den unterschiedlichen Türmen (13. und 17. Jh.). Besonders sehenswert: der zweistöckige Kreuzgang. *Praça da Sé*

MUSEUM

Museu Grão Vasco

★ Das Museum – benannt nach dem berühmtesten Sohn der Stadt (1480–1543) – ist im ehemaligen Bischofspalais untergebracht; besonders sei auf den leidenschaftlichen Naturalismus und die eigenartige Farbgebung Grão Vascos hingewiesen. *Di–So 9.30–12.30 und 14–17.30 Uhr, Eintritt 250 $, Praça da Sé*

RESTAURANTS

Cortiço

Gute Küche, schöne Atmosphäre. *Rua do Hilário, Tel. 032/ 42 38 53, Kategorie 2*

Trave Negra

❂ Regionale Spezialitäten. Geheimtip der Einheimischen. *Rua dos Loureiros 40, Tel. 032/261 38, Kategorie 2*

HOTELS

Hotel Grão Vasco

Das beste Haus der Stadt. *111 Zi., Rua Gaspar Barreiros, Tel. 032/ 42 35 11, Fax 42 64 44, Kategorie 2*

Hotel Príncipe Perfeito

Ehemaliger Herrensitz in Cabanões, ca. 4 km südlich der Stadt. *38 Zi., Tel 032/46 92 00, Fax 46 92 10, Kategorie 2*

AM ABEND

Viseu hat viele Bars. Die Jugend trifft sich im ☂ *Metrópolis;* ruhiger geht es im *Chaplin* zu. Beliebtes Fadolokal: *Retiro do Hilário.*

AUSKUNFT

Turismo

Av. Gulbenkian, Tel. 032/42 20 14

ZIELE IN DER UMGEBUNG

Lamego (C 3)

★ Alte Bischofsstadt mit schöner *Kathedrale,* interessantem *Regionalmuseum* und der westgotischen Hallenkirche *São Pedro de Balsemão* aus dem 7. Jh. (3 km außerhalb). Besonders sehenswert die Wallfahrtskirche *Nossa Senhora dos Remédios* (Kreuzweg mit 14 Stationen; fast 200 Stufen). Landschaftlich sehr reizvoll ist die kurvenreiche Strecke durch das Anbaugebiet des Portweins nach Régua und Vila Real.

Régua (C 2– 3)

Régua, offiziell Peso da Régua, gilt als »Heimat des Weines« und liegt mitten im Anbaugebiet des Portweins. Im *Turismo (Rua da Ferreirinha, Tel. 054/288 46)* sind Karten erhältlich mit allen 54 *quintas* (Weingütern) der Gegend, die Portwein herstellen und besichtigt werden können. Übernachtung im feudalen Herrensitz *Casa das Torres de Oliveira (6 Zi., Tel. 054/33 67 43, Fax 33 61 95, Kategorie 1).*

Burgen, Klöster, römische Ruinen

*An der Straße zwischen Porto und Lissabon
sind die Zeugnisse der Vergangenheit aneinandergereiht wie
Perlen auf einer Schnur*

Die Beira Litoral, wie die Küstenprovinz zwischen Douro und dem weiten Umland Lissabons einmal hieß, ist eine Region voller Widersprüche. Die langgedehnten, weißen Sandstrände waren früher von grünen Pinienwäldern eingesäumt; in den letzten Jahren wurden immer mehr Eukalyptusplantagen angelegt. Der Fluß Vouga hat bei Aveiro durch Ablagerungen eine 6000 ha große Lagune (Ria de Aveiro) geschaffen. Hier liegen die mit grellen Farben bemalten Boote der Fischer. Weiße Salzberge türmen sich vor den Salinenbetrieben auf, und in großen Zuchtstationen kann man Austern kosten. Im Hinterland werden auf fruchtbaren Böden Reis, Mais, Weizen und Gemüse angebaut. Doch die Erträge reichen oft für den Lebensunterhalt nicht aus, und so suchen viele Kleinbauern in den Industriebetrieben, die sich an der Hauptstraße zwischen Porto und Lissabon an-

gesiedelt haben, einen Nebenerwerb. In unmittelbarer Nähe dieser Hauptverkehrsader kann Portugals Geschichte studiert werden: in Conimbriga die Römerzeit, in der Universitätsstadt Coimbra die Bildungsgeschichte, in Batalha der Stolz und das Geschichtsbewußtsein der Portugiesen, in Alcobaça das Klosterwesen, in Tomar die Tradition der Christusritter und in Fátima die (vermarktete) Frömmigkeit.

AVEIRO

(**B4**) Der Rio Vouga hat mit seinen Ablagerungen einen Wall gegen das Meer hin geschaffen, hinter dem sich die etwa 40 km lange und 10 km breite Ria de Aveiro erstreckt. Aveiro selbst (ca. 35 000 Ew.) liegt am südlichen Ende der Lagune, und nur durch einen schmalen Durchlaß können die Schiffe vom Hafen aus ins offene Meer fahren. Trotzdem lebt die Stadt, mit ihren Wasserstraßen das portugiesische Venedig, von der Fischerei und der Salzgewinnung. Ein neuer Hafen wird zur Zeit großzügig ausgebaut, weil man

Auch das Flicken der Netze will erledigt werden: Fischer bei der Arbeit am Strand von Nazaré

als Mitglied der EU von einem Welthafen Aveiro träumt, der auch spanische Güter, auf dem Landweg nach Portugal gebracht, in alle Welt verschicken könnte. Doch bis dahin mischt sich noch viel Fluß- und Meerwasser in der Ria, auf der wie eh und je die *moliceiros* in den langen, schmalen Booten mit den eigenartig geschwungenen, bunten Bugen den Tang einholen, um den ohnehin fruchtbaren Boden zu düngen.

BESICHTIGUNG

Altstadt

Ausgangspunkt ist die *Praça da República* mit *Rathaus* und *Misericórdia-Kirche* (schönes Renaissanceportal, 16. Jh.). Weiter geht es zur *Sé* (Kathedrale) aus dem 15. Jh. mit barocker Fassade (1719). Im Inneren eine seltene Mariendarstellung auf Holz und das Grab der Caterina de Attayde, der Geliebten des Dichters Camões. Vor der Kirche steht Portugals »schönstes Wegekreuz«, der *Cruzeiro de São Domingos*. Eine Fahrt zum *Bahnhof* im Osten der Stadt, am Ende der Avenida Dr. Lourenço Peixinho, lohnt wegen der Fliesenmalereien (*azulejos*).

MUSEUM

Museu Regional

Hier im ehemaligen Jesus-Kloster lebte die Königstochter Joana als einfache Nonne, bis sie achtunddreißigjährig 1490 starb. Seliggesprochen, wird sie als Heilige verehrt. Neben ihrem Grabmal sind sehenswert: Gemäldegalerie, Kirchenkunst, auch Boote und Geräte der *moliceiros* (Tangfischer). In der Klosterkirche gibt es überschwengliche *Talha-* und *Azulejo*-Arbeiten zu sehen. *Di–So 10 bis 12.30 und 14–17 Uhr, Eintritt 350 $, Rua de S. Joana*

RESTAURANTS

Meer und Ria bestimmen, was in Aveiro auf den Tisch kommt. Was man sonst nur als Spezialität bekommen kann, hier steht es auf jeder Speisekarte: Muscheln am Spieß, Schaltiere, Fischsuppe mit Aal, marinierter Aal, aber auch Lamm im Schmortopf, gebratenes Spanferkel, kandierte Eier (*ovos moles*). Das Nonplusultra ist aber eine *caldeirada*, ein Fischeintopf. Wer die Abwechslung liebt, sollte hier den Verde-Wein gegen einen kräftigen Dão-Wein eintauschen.

Taverna D. Carlos

Gemütliches einheimisches Restaurant. *Rua D. Nascimento Leitão 46, Tel. 034/220 61, Kategorie 2*

HOTELS

Residencial Alboi

Bestes Haus am Platz. *36 Zi., Rua da Arrochela 6, Tel. 034/251 21, Fax 220 63, Kategorie 2*

Pensão Palmeira

Eine einfache, aber preiswerte und saubere Pension. *16 Zi., Rua da Palmeira 7–11, Tel. 034/225 21, Kategorie 3*

AUSKUNFT

Turismo

Rua João Mendonça 8, Tel. 034/236 80, Fax 283 26, So–Fr 9–19 Uhr, im Sommer bis 21 Uhr, Sa 9 bis 13 und 14.30–17.30 Uhr

ZIELE IN DER UMGEBUNG

Arouca (C 3)

★Lohnend ist eine Tagesfahrt ins Landesinnere nach Nordosten hin. Von Aveiro über Ovar und São João da Madeira erreicht man auf den Nebenstraßen 327 und 326 Arouca. Die Anstrengungen werden belohnt bei einem Besuch des romanischen *Klosters* mit barocker Innenausstattung und des *Museums* mit wertvollen Gemälden portugiesischer Künstler. Von hier geht es weiter zum *Wasserfall* von Misarela und auf der N326 zum *Monte da Senhora da Mó.*

Ria (B 4)

Eine Bootsfahrt auf der Ria, vorbei an Salzbergen und Trockenanlagen für den *bacalhau,* ist ein Muß. *Preisbeispiel: Spazierfahrt von Aveiro nach Torreira und zurück ab 2000 $*

Wald von Buçaco (B–C 4)

Mit dem Wagen fährt man über Îlhavo nach *Vista Alegre* (8 km), wo man im *Porzellanmuseum* auch einkaufen kann. Wer Kinder hat oder selbst dem Wassersport zugetan ist, sollte zum flachen Strand nach *Barra* und *Costa Nova* einen Abstecher machen. Wer will, macht noch einen weiteren Abstecher nach *Figueira da Foz,* dem mondänen Badeort an der Mündung des Mondego (Kasino, Galaabende, Azulejo-Museum).

Über den Thermalkurort *Curia* geht es dann in den Wald von Buçaco bei *Luso.* In diesem großen Wald, zu dem Frauen lange keinen Zutritt gehabt haben, können nicht nur mehr als 700 verschiedene Pflanzenarten studiert werden, sondern man kann auch im Sommerpalast residieren, der, von König Carlos 1887 erbaut, heute ein *Luxushotel* ist. Wer nicht übernachten will, sollte sich wenigstens das ehemalige ==Schloß== im manuelinischen Stil ansehen und sich im großen Speisesaal ein ==Mittagessen== munden lassen. *Palace Hotel, 79 Zi., Buçaco/Mealhada, Tel. 031/ 93 01 01/02/03, Fax 93 05 09, Kategorie 1*

MARCO POLO TIPS FÜR DIE COSTA DE PRATA

1 Conimbriga
Die römische Ruinenstadt ist besonders gut erhalten (Seite 55)

2 Ausflug nach Arouca
Kloster- und Museumsbesuch; Weiterfahrt zum Wasserfall von Misarela und auf den Monte da Senhora da Mó (Seite 53)

3 Burg von Leiria
Besuch des Castelo de Leiria hoch oben über der Stadt. Vom Bergfried den Blick genießen (Seite 58)

4 Universität Coimbra
Die berühmte ==Bibliothek== nach Wiener Vorbild und das manuelinische Portal der Unikirche (Seite 54)

COIMBRA

(**B5**) In Braga betet, in Porto arbeitet, in Lissabon lebt und in Coimbra (ca. 100 000 Ew.) studiert man, so heißt es in Portugal. Vom Universitätsplatz vor der berühmten Bibliothek mit mehr als 120 000 Bänden schöner Blick ins Mondegotal und auf das Kloster Santa Clara. Nicht nur hier oben haben Professoren und Studenten das Sagen; ja, es heißt sogar, daß alle geistigen und politischen Impulse und Strömungen, die Portugal je verändert haben, hier oben ihren Ursprung gehabt hätten. Die studentischen Bräuche, das Tragen der Bänder und der *capa preta* (schwarzer Mantelumhang), die *queima das fitas* (Verbrennen der Bänder zum Studienabschluß im Mai) und der Fado werden in den studentischen Wohngemeinschaften (*repúblicas*) als Verpflichtung der geistigen Elite empfunden.

Lohnend ist auch ein Bummel durch die kleinen Einkaufsgassen rund um die Praça do Comércio.

BESICHTIGUNGEN

Kirchen

Die *Sé Velha* ist die größte romanische Kathedrale Portugals, ein dreischiffiges Gotteshaus mit spätgotischem Altar (Darstellung der Himmelfahrt Mariens). In der Igreja Santa Cruz (unbedingt lohnend wegen der schönen *azulejos*) liegt der erste König Portugals, Alfonso Henrique, begraben. Die Igreja *Santa-Clara-a-Velha*, die im Laufe der letzten Jahrhunderte langsam in den Schlammassen des Flusses versank, wird gerade freigelegt.

Quinta das Lágrimas

In diesem »Garten der Tränen« fand Portugals leidenschaftlichste Liebesgeschichte ihr tragisches Ende: Hier, im schönen Park des Herrensitzes (heute ein Hotel), wurde Inês, die Geliebte des Kronprinzen Pedro, ermordet. Nach dem Spaziergang durch den Park tut ein Drink am offenen Kamin des feudalen Hotels gut. *Am südlichen Ortsausgang*

Universitätsbibliothek

★ Nach dem Vorbild der Wiener Hofbibliothek befinden sich in dem grünen Saal theologisch-philosophische, in dem roten wissenschaftliche und in dem schwarzen antike Werke. Was in Portugal vom Mittelalter bis in die Neuzeit hinein denkend erarbeitet worden ist, wird in diesen prachtvollen Räumen aufbewahrt. Bevor wir die Universität am Uhrturm vorbei über die Via Latina durch die *Porta Ferrea* (eisernes Tor) verlassen, werfen wir einen Blick in die Universitätskirche mit dem manuelinischen Portal und den schönen *azulejos* im Inneren. *Di–So 10–12 und 14–17 Uhr, Eintritt 250 $ nur Bibliothek, 500 $ Kirche, Museum und Bibliothek*

MUSEUM

Museu Machado de Castro

Ehrwürdiges Gebäude (Portal, Galerien, Innenhof mit Brunnen). Im Untergeschoß befinden sich vor allem romanische, gotische und manuelinische Skulpturen, im Obergeschoß (herrlicher Blick) Gold- und Silberschmiedearbeiten. Besonders schön: die Arbeiten im Rainha-Santa-Zimmer. *Di–So 9.30–12.30*

und 14–17.30 Uhr, Eintritt 250 $,
Largo Dr. José Rodrigues

RESTAURANTS/CAFÉ

Spezialitäten der Stadt sind Reis
mit Neunauge *à moda do Vale do
Mondego* und *chanfana* (in Wein
gebratenes Zicklein). Zum
Nachtisch die Pasteten von Santa
Clara.

Café Santa Cruz

Das schönste Caféhaus der Stadt.
Im Klostergewölbe der gleichnamigen Kirche.

Trovador

Feines Lokal, am Wochenende
Fado. *Largo da Sé Velha 15, Tel.
039/254 75, Kategorie 1*

Zé Manel dos Ossos

❂ Typisches Restaurant. *Beco do
Forno, Tel. 039/237 90, Kategorie 3*

HOTELS

Hotel D. Luís

❧ Gegenüber von Coimbra mit
herrlichem Blick auf die Stadt.
*104 Zi., Quinta da Varzea, Tel.
039/44 25 10, Fax 44 51 96, Kategorie 2*

Quinta das Lágrimas

Stilvollstes Herrenhaus Portu-
gals. Hier residierten Könige und
Feldherren; ein Refugium zum
Wandeln auf den Spuren von
Pedro und Inês, dem berühmte-
sten Liebespaar Portugals. *39 Zi.,
Tel. 039/44 16 15, Fax 44 16 95,
Kategorie 1*

AM ABEND

Die Abende in Coimbra sollte
man dem Fado widmen: und

zwar am besten in der *Diligência
Bar (Rua Nova 30).* Junge Leute
gehen gerne in die Diskothek
⚡ *Scotch* und in die Bars *Via Latina*
oder *Galeria Almedina.* Rund um
die Kathedrale finden sich Kneipen und Pianobars.

AUSKUNFT

Turismo

*Largo da Portagem, Tel. 039/330 19,
tgl. 9–18, im Sommer bis 19 Uhr*

ZIELE IN DER UMGEBUNG

Conimbriga   (B 5)

★ Guterhaltene römische Ruinenstadt. Ursprünglich von den
Kelten gegründet, wurde sie für
die Römer zu einem wichtigen
Stützpunkt zwischen Lissabon
und Porto. Bei der Besichtigung
gewinnt man einen Eindruck
von der Größe, dem Reichtum
und der Schönheit dieser Stadt.
Auch ein Blick ins Museum ist
lohnend. *Di–So 10–13 und 14–18
Uhr, Eintritt 350 $*

*Ein römischer Mosaikfußboden in
der Ruinenstadt Conimbriga*

Mondegotal (**B–C 5**)

Schön ist die Fahrt durch das Mondegotal nach *Penacova*, vorbei an den Windmühlen oberhalb des Ortes bis in den Wald von Buçaco.

NAZARÉ

(**A 6**) Auf der kleinen Strandmauer sitzen braungebrannte Männer und flicken ihre Netze. Ein paar Alte beobachten das rege Treiben der Touristen. Ihre Haut ist ledern, sie tragen Wollmützen oder Kapitänskappen, Fischerhemden und Seemannsjacken. Es ist nicht zu übersehen: Nazaré lebt vom Fischfang. Wenn auch heute die Boote nicht mehr auf die traditionelle Weise mit Ochsenkarren aus dem Wasser gezogen werden – seit ein paar Jahren gibt es in Nazaré (ca. 16 000 Ew.) ein modernes Hafenbecken –, so hat Nazaré noch immer den Charme eines Fischerortes; über den engen, weißen Gäßchen hängt bunte Wäsche, und viele Fischerfrauen tragen noch heute die kurzen, für Nazaré typischen Stehröcke. Nazaré hat überdies einen der schönsten Strände Portugals.

BESICHTIGUNGEN

São Miguel
〰 Leuchtturm und Festung auf der Klippe. Ein lohnender Spaziergang zur Felsspitze!

Sítio
〰 So heißt der Stadtteil auf der 100 m hohen Klippe. Hinauf kommt man zu Fuß (Wanderweg), mit der Kabelbahn (41 Prozent Gefälle) für 80 $ oder mit dem Auto. Am Aussichtspunkt steht die winzige *Capela da Memória*, die reich mit *azulejos* verziert ist. Gleich daneben erhebt sich die Säule mit dem Kreuz der Christusritter. Die Inschrift besagt, daß Vasco da Gama nach seiner Indienfahrt hier der Heiligen Jungfrau von Nazaré für ihre Hilfe bei seinen Entdeckungsreisen gedankt hat. Im kleinen *Museu* werden neben Darstellungen aus dem Fischerleben auch archäologische Funde gezeigt.

HOTELS/RESTAURANTS

Im Sommer vermietet fast jedes Haus ein Zimmer; sehr preiswert sind die Pensionen *Europa, Ideal* und *Leonardo*.

Albergaria Mar Bravo
Feinste Unterkunft am Ort, direkt am Meer. *16 Zi., Praça Sousa Oliveira 67, Tel. 062/55 11 80, Fax 55 39 79, Kategorie 1*

Pensão Ribamar
Knarrende Dielen, Kaminzimmer, gutes Essen, direkt am Strand. *23 Zi., Rua Gomes Freire 9, Tel. 062/55 11 58, Fax 56 22 24, Kategorie 2–3*

AM ABEND

Nazaré hat ein ✶ *Kino*; gleich neben dem Kino treten im Sommer abends ab 22 Uhr abwechselnd die *Folkloregruppen* »Tamar« und »Mar Alto« auf. Nach dem Essen trifft man sich in der *Pena Branca Bar* oder in der Disko ✪ *Fora d'horas*.

7 km südlich von Nazaré liegt Famalicão. In der Bar ✪ *O Marquês* wird am Wochenende ab 22 Uhr Fado gesungen.

Turismo
Av. da República, Tel. 062/56 11 94, im Sommer tgl. 10–22 Uhr, im Winter 9.30–12.30 Uhr und 14–18 Uhr

ZIELE IN DER UMGEBUNG

Alcobaça **(B 6/H 1)**
Alcobaça ist eine verschlafene Kleinstadt mit einem hübschen *Weinmuseum (Eintritt frei)* und einigen guten Restaurants, z. B. *Celeiro dos Frades*, dessen Ausstattung an eine Klosterhalle erinnert *(Arco de Císter, Tel. 062/422 81, Kategorie 2)*. Niemand würde jedoch vermuten, daß hier, auf dem Hauptplatz von Alcobaça (ca. 9000 Ew.), der größte Sakralbau Portugals steht: ein *Zisterzienserkloster* mit Kathedrale aus dem 12. und 13. Jh. Kaum 20 m breit, doch mehr als 100 m lang, wirken die Kirchenschiffe kühl und schlicht. Einziger Schmuck sind die Sarkophage des berühmtesten Liebespaares des Landes: Dona Inês und Prinz Pedro. Der Prinz vermählte sich zwar mit der spanischen Prinzessin von Kastilien, verliebte sich aber in deren Hofdame Inês de Castro. Nach dem Tod seiner Frau heiratete er Inês, die der Vater des Prinzen jedoch bald darauf ermorden ließ. Nach dem Tod des Vaters ließ Prinz Pedro den Leichnam seiner Geliebten von dort nach Alcobaça überführen und krönte die Tote zur Königin. Der Sarg der Inês wird von Tiermenschen getragen, die ihre Mörder darstellen sollen. Den anderen Sarg ziert eine Darstellung der Leidensgeschichte Jesu. Die Särge der Liebenden stehen Fuß an Fuß, so daß sie sich am jüngsten Tag gleich wieder in die Augen blicken können. Eine weitere Sehenswürdigkeit der Klosteranlage ist die *Klosterküche*, in der täglich für tausend Mönche gekocht worden ist. Unter dem 20 m hohen Rauchfang konnten mehrere Ochsen gleichzeitig gebraten werden. *Tgl. 9–17, im Sommer bis 19 Uhr, Eintritt 400 $*

Wohnen kann man in einem elegant renovierten Herrenhaus unweit vom Zentrum: *Chalet Fonte Nova, 6 Zi., Estrada da Fonte Nova, Tel. 062/59 83 00, Fax 59 68 39, Kategorie 1*

Batalha **(B 6)**
Am eindrucksvollsten erlebt man die Klosteranlage von Batalha (ca. 10 000 Ew.), wenn man von Leiria aus, also von Norden her kommt. Plötzlich liegt sie da: gewaltig, majestätisch, prachtvoll. Seine Existenz verdankt das Bauwerk einer gewonnenen Schlacht: Als die portugiesische Armee 1385 einem übermächtigen spanischen Heer gegenüberstand, versprach der portugiesische König, im Falle eines Sieges ein Kloster zu errichten. An diesem »größten Kloster aller Zeiten« ist zwei Jahrhunderte lang gebaut worden, die Formen der Architektur reichen von der Hochgotik über den manuelinischen Stil bis hin zur Renaissance. Das Kirchenschiff ist 80 m lang und 32 m hoch. Der schönste Teil des Gebäudes ist der Kreuzgang *(Eintritt im Sommer 500 $, im Winter 250 $), der Claustro Real*, mit herrlich geschmückten Fensterbögen, einem Paradestück der Manuelinik. Das *Reiterdenkmal* vor dem Kloster stellt den königlichen Feldherrn dar,

der die Portugiesen siegreich gegen die Spanier geführt hat. Jedes Jahr wird hier am 14. August mit einem Volksfest an die Schlacht erinnert.

Grutas de Santo António (B 6)

20 km von Alcobaça in Richtung Porto de Mós liegen die beeindruckendsten Grotten Portugals: Grutas de Santo António und Grutas de Alvados. Die Höhlen sind gewaltig (Gesamtfläche von 6000 Quadratmeter) und voller phantastischer Szenerien – von eindrucksvollen unterirdischen Seen bis zu märchenhaften Steinwäldern –, alles effektvoll beleuchtet. Ein lohnender Ausflug. *Tgl. 9.30–18 Uhr, im Sommer bis 20 Uhr, Eintritt pro Grotte 500 $*

Leiria (B 6)

Am linken Ufer des Flusses Liz liegt die Stadt Leiria (ca. 30 000 Ew.). Vom ★ �€ Bergfried der Burg über der Stadt hat man einen schönen Blick ins weite Land und auf den *Pinhal de Leiria*, einen der größten Pinienwälder Portugals. Besuchen sollte man auch die *Loggia* des einstigen Königspalastes mit den schlanken gotischen Säulen. Von hier schaut man über die Bezirkshauptstadt am Fluß mit der dreischiffigen Kathedrale im Renaissancestil.

Óbidos (H 1)

Óbidos (1000 Ew.) ist für Portugal, was für uns Rothenburg ist: mit seinen malerischen Gäßchen und der alten, den Ort umschließenden Stadtmauer ein Muß für jeden Touristen. Die meisten bleiben nur ein paar Stunden, werfen einen kurzen Blick in die Kirche *Santa Maria*, in die Kapelle *S. Martinho* und in das kleine *Museum*. Auf der 13 m hohen �€ Mauer kann man in weniger als einer Stunde einmal um die Stadt laufen und die weißgetünchten Häuser mit den blumenverzierten Fenstern von oben betrachten. Wer in der *Pousada* von Óbidos (*9 Zi., Paço Real, Tel. 062/95 91 05, Fax 95 91 48, Kategorie 1*) übernachtet, sollte sich eines der beiden Turmzimmer leisten. Das muß man freilich Monate im voraus buchen, wie man überhaupt während der Saison rechtzeitig ein Zimmer reservieren sollte. Zu Ostern findet eine eindrucksvolle Prozession durch den ganzen Ort statt.

TOMAR

(B–C 6) Die Stadt liegt in einer lieblichen Landschaft, in der Nähe einer Talsperre mit angrenzendem Erholungsgebiet. Hat man erst einmal die Neubauten am Ortseingang hinter sich gelassen, findet man sich in einem hübschen Städtchen (ca. 20 000 Ew.) wieder: an einem malerischen Fluß mit Trauerweiden und efeubewachsenen Caféterrassen, mit einem schönen Park, allerlei Kirchen und einer mächtigen Burganlage auf dem Hügel über der Stadt.

BESICHTIGUNG

Christusritterburg

�€ Die Burg erhebt sich majestätisch über der Stadt. Sie gehört zu den ganz großen Sehenswürdigkeiten des Landes. Der ehemalige Sitz zweier Ritterorden – erst der Tempelritter, später der Christusritter – wurde fünf Jahrhunderte lang ständig erweitert.

Er besteht aus zwei Kirchen (die Christuskirche ist ein Glanzstück der Manuelinik), mehreren Kreuzgängen (15. und 16. Jh.), einem manuelinischen Chor und dem Wahrzeichen Tomars, dem manuelinischen Fenster auf der Außenwand der Christuskirche. *Tgl. 9.30–12.30 und 14–17 Uhr, im Sommer bis 18 Uhr, Eintritt 400 $*

MUSEUM

Streichholzmuseum
Im Streichholzmuseum sind 43 000 Streichholzschachteln aus 104 Ländern zusammengetragen. *So–Fr 14–17 Uhr, Sa und feiertags geschl., Eintritt frei, Varzea Grande*

RESTAURANTS

Bela Vista
Schöner Ausblick, das Restaurant liegt neben der Brücke direkt am Fluß. *Junto a Ponte, Tel. 049/31 28 70, Kategorie 2*

Chez-Nous
Gilt als Geheimtip für Jugendliche; große, preiswerte Portionen. *Rua Dr. Joaquim Jacinto 31, Tel. 049/31 47 43, Kategorie 3*

Chico Elias
Bestes Restaurant der Stadt, wegen seiner Spezialitäten in ganz Portugal bekannt. *Algarvias 70, Tel. 049/31 10 67, Kategorie 1*

HOTELS

Bonjardim
Einfach, aber sauber, ein Restaurant gehört dazu. *14 Zi., Praceta de Santo André, Tel./Fax 049/31 31 95, Kategorie 3*

Residencial Sinagoga
Modernes, gut geführtes Haus. *22 Zi., Rua Gil Avô 31, Tel. 049/32 30 83, Fax 32 21 96, Kategorie 2–3*

Hotel dos Templários
Bestes Hotel der Stadt. *177 Zi., Largo Cândido dos Reis 1, Tel. 049/32 17 30, Fax 32 21 91, Kategorie 1*

AUSKUNFT

Turismo
Rua Serpa Pinto 1, Tel. 049/320 10 00, Mo–Fr 9.30–12.30 und 14–18 Uhr

ZIELE IN DER UMGEBUNG

Barragem do Castelo de Bode (C 6)
Schön ist eine Bootsfahrt auf dem Stausee im Südosten von Tomar; Abfahrt in Castelo de Bode. Der Preis für einen halben Tag beträgt einschließlich Essen etwa 5500 $. *Reservierung über das Hotel dos Templários in Tomar, Tel. 049/32 17 30*

Fátima (B 6)
Fátima ist ein Wallfahrtsort (ca. 12 000 Ew.) und besteht fast nur aus Souvenirläden, Hotels, Pensionen, Restaurants und Kirchengebäuden. Der Platz mit der *Erscheinungskapelle* ist der größte Kirchplatz der Welt. Im *Wachsfigurenmuseum* sind die Ereignisse um die Erscheinung der Jungfrau Maria dargestellt. Ein Erlebnis ist die Teilnahme an einer der großen Lichterprozessionen jeweils am 12./13. eines Monats (besonders gut besucht sind sie im Mai und im Oktober). *Wachsfigurenmuseum: tgl. 9.30–18.30 Uhr, Eintritt 650 $, Kinder ab 7 Jahre 400 $*

Die Perle am Atlantik

*Der Besucher hat die Wahl
zwischen Hauptstadttrubel und dem mondänen Leben
in den alten Seebädern*

Die portugiesische Hauptstadt liegt an einem gewaltigen Naturhafen knapp 20 Kilometer vom Atlantischen Ozean entfernt. Das Klima ist außerordentlich mild, es gibt viele Thermalquellen, und im Hinterland wachsen sogar subtropische Wälder. Westlich von Lissabon erstreckt sich Portugals Côte d'Azur; Könige und Millionäre pflegten einst hier den Herbst zu verbringen – in pittoresken Märchenschlössern am Rande malerischer Fischerorte.

Im Laufe der Zeit sind aus den winzigen Dörfchen mondäne Badeorte und Touristenzentren mit gewaltigen Hotelanlagen und Golfplätzen geworden. Vorbei sind Idylle und Ruhe. Längst sind die Orte zu Großstädten zusammengewachsen. Dennoch ist die ca. 35 Kilometer lange Strecke von Lissabon zum Cabo Raso lohnend.

Das Denkmal der Entdeckungen: An der Spitze einer Schar von Entdeckern, Kartographen und Seeleuten steht ihr Patron Heinrich der Seefahrer

LISSABON

(H2) Drückende Hitze, stickige Luft, lautes Gehupe, quirliger Verkehr; die Cafés sind überfüllt, man liest Zeitung, diskutiert oder genießt das geschäftige Treiben am Rossio, Lissabons berühmtestem Platz.

Oder man läuft hinauf zum Chiado, dem Stadtteil mit den vielen Cafés und Boutiquen, benannt nach dem Pseudonym des Dichters Ribeiro. Von einem Denkmalssockel gegenüber dem alten Café A Brasileira lächelt er herunter. Man hat die Wahl: mühsam durch die kleinen Gäßchen hinaufzusteigen ins Bairro Alto oder den bequemeren Weg zu wählen und für 150 $ mit dem Elevador de Santa Justa, einem großen, eisernen Fahrstuhl aus dem Jahre 1901 (mit Café auf der Aussichtsplattform), hinauf ins Quartier der Goldschmiede, Antiquitätenhändler, Künstler, der Kneipen und Tavernen zu gelangen, wo nachts der Fado gesungen wird. Bergauf, bergab durch enge Gäßchen läßt man sich dann am besten einfach treiben.

1755 hat ein großes Erdbeben nahezu die ganze Stadt zerstört. Noch heute ist Lissabon (ca. 1 Mio. Ew., tagsüber sind es – durch die Pendler – doppelt so viele) zweigeteilt: in die Zeit vor und in die Zeit nach dem schlimmen Erdbeben. Nur wenige Viertel der Stadt sind damals verschont geblieben; die Unterstadt wurde sogar dem Erdboden gleichgemacht. In strengen geometrischen Zügen hat man sie wieder angelegt, als Bindeglied der Plätze ★ Rossio und Praça do Comércio. Der ehemalige Königs- und Marktplatz ist fast quadratisch und auf drei Seiten von Regierungsbauten umgeben. Eine Marmortreppe führt in den Fluß hinein. Hier wurden einst die heimkehrenden Seefahrer empfangen. Heute liegt ein paar Meter weiter die Anlegestation der Ausflugsdampfer. Sieb-

zehn Kilometer sind es von hier aus noch bis zur Mündung des Tejo. Momentan ist Lissabon eine einzige große Baustelle: Es werden neue U-Bahn-Strecken und Autobahnverbindungen gebaut, die geplante 14 km lange Brücke über die Tejobucht wird zu den längsten der Welt gehören, und am Ufer des Tejo entsteht gerade eine futuristische Stadt für sich. Grund: die Weltausstellung 1998. In ein paar Jahren wird man Lissabon in die Zeit vor und in die Zeit nach der Expo 98 einteilen. Ausführlich berichtet der MARCO POLO Führer »Lissabon«.

BESICHTIGUNGEN

Alfama
Steigt man vom 🔆 Castelo São Jorge hinab zum Tejo, so kommt man durch die ◉ Alfama, Lissa-

MARCO POLO TIPS FÜR LISSABON

1 Sintra
Auf Schritt und Tritt begegnet man hier der Vergangenheit – ein Städtchen zum Flanieren und Verweilen (Seite 68)

2 Queluz
Das Rokokoschloß ist einen Besuch wert (Seite 69)

3 Cabo da Roca
Der windumtoste westlichste Punkt Europas (Seite 69)

4 Belém
Stadtteil am Tejo mit Bauwerken aus der Entdeckerzeit (Seite 63)

5 Cristo Rei
Von der Christusstatue auf der Südseite des Tejo hat man eine herrliche Aussicht auf Lissabon (Seite 63)

6 Rossio und Santa Luzia
Ein Spaziergang vom Hauptplatz Rossio (Straßencafés) aus durch die Rua do Ouro hinunter zum Tejo. An der Praça do Comércio in Richtung Osten an der Kathedrale vorbei zur Aussichtsterrasse Santa Luzia; gute Sicht auf die Altstadt (Alfama) und den Fluß (Seite 62 und 65)

bons ärmsten und ältesten Stadtteil, der vom Erdbeben weitgehend verschont geblieben ist. Hier läuft man am besten ohne Plan mit viel Zeit durch die engen Gäßchen und die steilen Treppenstraßen, in denen der Fado entstanden sein soll, vorbei an romantischen Lichthöfen und Mauerbögen. Man sollte ruhig einige der Kneipen und Tavernen besuchen.

Belém

★ Altes Stadtviertel 7 km westlich des Zentrums, das vom Erdbeben 1755 ebenfalls weitgehend verschont geblieben ist. Hier draußen am Ufer des Tejo stehen architektonische Zeugen des goldenen Entdeckerzeitalters und gleichzeitig die großen Sehenswürdigkeiten der Stadt: die *Torre de Belém*, das *Jerónimos-Kloster* und das moderne Seefahrerdenkmal *Padrão dos Descobrimentos*. Außerdem gibt es einen kleinen Yachthafen und ein neues Kulturzentrum.

Castelo de São Jorge

🔱 Der schönste Aussichtspunkt der Stadt. Bis zum 16. Jh. war dies die königliche Residenz, die beim großen Erdbeben von Lissabon zu großen Teilen zerstört wurde. Heute ist die Burganlage vor allem ein beliebtes Ausflugsziel verliebter Pärchen und Touristen. In den alten Gemäuern sind zwei Restaurants eingerichtet. Im *Casa do Leão Di, Do, Fr ab 22.30 Uhr Fadomusik*.

Cristo Rei

★ 🔱 Auf der anderen Seite der Stadt steht Cristo Rei, eine Christusstatue, die schützend die Arme über der Stadt ausbreitet.

Wie so viele Denkmäler Portugals verdankt auch dieses Monument seinen Bau einem Gelübde: Es wurde 1959 errichtet als Dank dafür, daß Portugal nicht in den Zweiten Weltkrieg verwickelt worden ist. In dem 82 m hohen Sockel befindet sich eine Kapelle. Ein Fahrstuhl führt auf die Terrasse am Fuß der 28 m hohen Statue. Von hier hat man einen herrlichen Ausblick auf Lissabon.

Hieronymuskloster (Mosteiro dos Jerónimos)

Die sehenswerte Anlage im Stadtteil Belém ist ein Paradebeispiel manuelinischer Baukunst: König Manuel I. gab es Ende des 15. Jhs. als Dank für die geglückte Indienfahrt Vasco da Gamas in Auftrag, doch erst nach fünfzigjähriger Bauzeit wurde das Kloster fertiggestellt. Prächtiges *Südportal*, innen das *Grabmal von Vasco da Gama*, dem Entdecker Indiens. Der nördlich an die Kirche angrenzende **Kreuzgang** gilt vielen als der schönste ganz Portugals.

Igreja do Carmo

Die zweite berühmte Kirche neben der Kathedrale ist die Igreja do Carmo, der seit dem Erdbeben von 1755 das Dach des Kirchenschiffs fehlt. In den alten Gemäuern ist ein archäologisches Freilichtmuseum untergebracht. *Zur Zeit geschl., Largo do Carmo*

Kathedrale (Sé)

Etwas unterhalb des Platzes 🔱 Santa Luzia steht die wuchtige Sé von 1147. Sie ist das älteste Bauwerk der Stadt und gleicht einem Festungsbau.

Padrão dos Descobrimentos

✇ In Sichtweite von der Torre de Belém reckt sich gleich am Yachthafen stolz das Denkmal der Entdeckungen 52 Meter in die Höhe. 1960 wurde es zum 500. Todestag Heinrichs des Seefahrers errichtet. Auf dem Bug einer steinernen Karavelle stehen überlebensgroß portugiesische Entdecker, Nautiker, Kartographen, Seeleute, Künstler und Missionare – allen voran Heinrich der Seefahrer. Ein Aufzug *(400 $)* führt auf das Dach des Denkmals. Neben der Aussicht von Cristo Rei ist dies der schönste Blick auf die Stadt. Für Kinder ist ein Besuch weniger geeignet, da das Geländer zu hoch ist.

Palácio Fronteira

Das Schloß mit großer Gartenanlage im Vorort Benfica galt im 17. Jh. als achtes Weltwunder. *Di–Sa 10.30–12 Uhr halbstündliche Führungen (im Winter nur um 11 und um 12 Uhr), Eintritt Palast 1500 $, Garten 500 $, Largo São Domingos de Benfica*

Parque Eduardo VII

✇ Eine der bekanntesten Aussichten Lissabons ist der Blick von der Anhöhe der 160 000 Quadratmeter großen Parkanlage Parque Eduardo VII über die Stadt bis hinunter zum Tejo. Unterhalb des Parks liegt der große Platz Marquês de Pombal. Er ist Ausgangspunkt der *Avenida da Liberdade*, einer palmengesäumten Prachtstraße mit acht Fahrbahnen, zehn Baumreihen und sechs Bürgersteigen, die meisten von ihnen kunstvoll mit Mosaikornamenten gepflastert. Diese Avenida mündet in die *Praça dos Restauradores* im Zentrum Lissabons.

Ponte de 25 de Abril

Die Mitte der sechziger Jahre gebaute größte Hängebrücke Europas (70 m hoch, 3 km lang) und einzige Brücke der Hauptstadt über den Tejo wird bald Gesellschaft bekommen: Bis zur Weltausstellung 1998 soll eine neue, noch längere Brücke von Montijo nach Lissabon reichen.

Eine Prachtstraße: Die Avenida da Liberdade ist stolze 90 m breit

Santa Luzia

★ ⬇ Aussichtsterrasse mit schönem Ausblick auf die Alfama und den Hafen. Kleines Café zum Ausruhen. Die Wände und Mauern sind mit *azulejos* geschmückt.

Straßenbahnfahrt

◆ Lohnend ist die Fahrt mit der Straßenbahn *(z. B. Linie 28, 150 $).* Im Sommer werden zwei Bahnen aus dem Jahre 1901 eigens für Stadtrundfahrten eingesetzt: *Linha das Colinas* (Hügelfahrt): Rundfahrt durch die Altstadt, *Linha do Tejo* (Tejofahrt): führt am Fluß entlang zu den Sehenswürdigkeiten von Belém. *Abfahrt am Terreiro do Paço,* wie man in Lissabon die Praça do Comércio nennt. *Erwachsene 4900 $, Kinder 1500 $*

Torre de Belém

⬇ Das Wahrzeichen Lissabons stand früher auf einer Insel und diente als Verteidigungsbollwerk der Hafeneinfahrt. Durch die Verlandung des Flusses steht der Turm heute jedoch direkt am Ufer. Der kunstvolle Festungs- und Leuchtturm aus dem frühen 16. Jh. mit manuelinischen und orientalischen Bauelementen diente zeitweise auch als Gefängnis der spanischen Eroberer. Besucher können einen Blick in die Kerker werfen und bis zur 35 m hohen Plattform steigen; von dort aus hat man einen weiten Blick über den Tejo. *Di–So 10–17 Uhr, Eintritt 400 $ im Sommer, 250 $ im Winter*

MUSEEN

Nicht erst seit 1994, als Lissabon Kulturhauptstadt Europas war, gibt es viele Theater- und Konzerthäuser, Kunstausstellungen und Galerien. Die Museen reichen von einem Marine- über ein Kinder-, ein Radio-, ein Militär-, ein Naturgeschichte- und ein Theater- bis hin zu einem Buch-, einem Musik- oder einem Wassermuseum.

Museu Calouste Gulbenkian

Gehört zur Stiftung eines Ölmagnaten. Hier werden u. a. antike Kunstgegenstände gezeigt. *Di, Do, So 10–17 Uhr, Mi und Sa 14–19.30 Uhr, Eintritt 500 $, So frei, Av. de Berna*

Museu da Cidade

Gibt eine Übersicht über die geschichtliche Entwicklung der Stadt. *Di – So 10–13 und 14–18 Uhr, Eintritt 350 $, Campo Grande*

Museu Nacional de Arte Antiga

Gilt als das wichtigste Museum der Stadt. Es zeigt Keramiken, Wandteppiche, Goldschmiedearbeiten, bedeutende Gemäldegalerie. *Mi–So 10–18 Uhr, Di 14 bis 18 Uhr, Eintritt 500 $, Rua das Janelas Verdes 9*

Museu Nacional do Azulejo

Das Museum ist in einem Kloster untergebracht. Es zeigt eine Sammlung von *azulejos* von den Anfängen bis heute. *Mi–So 10 bis 18 Uhr, Di 14–18 Uhr, Eintritt 350 $, So 10–14 Uhr frei, Rua Madre de Deus*

Museu Nacional dos Coches

Die ca. 60 prachtvollen Karossen aus dem 16. bis 19. Jh. machen das Museum zum besten seiner Art. *Di–So 10–18 Uhr, Eintritt 400 $, So 10–14 Uhr Eintritt frei, Praça Afonso de Albuquerque*

Die »Futterstraße« Lissabons beginnt am Rossio neben dem Teatro Nacional: *Rua das Portas de Santo Antão*; ursprünglicher geht es mitten in der Alfama in der *Rua de São Miguel* zu, einer Gasse mit winzigen Tavernen.

Alcântara Café

Ein Muß für jene, die das Besondere lieben: in ehemaliger Fabrikhalle, mit Plastiken und Plüsch. *Rua Maria Luísa Holstein 15, Tel. 01/362 12 26, Kategorie 1–2*

Bota Alta

Gemütliches Künstlerlokal. *Travessa Queimada 27, Tel. 01/342 79 59, Kategorie 1–2*

Café A Brasileira

Das bekannteste Café der Stadt erkennt man an der Bronzefigur des Dichters Fernando Pessoa vor dem Café. Hier traf sich einst die Boheme. *Largo do Chiado*

Café Versailles

Caféhaus vom alten Schlag mit Ambiente. *Av. da República*

Cervejaria Trindade

Die *azulejo*-verzierten Klostergewölbe gleichen eher einer Bahnhofshalle. Gutes Bier, günstige Gerichte. *Rua Nova da Trindade 20, Tel. 01/342 33 56, Kategorie 2–3*

Confeitaria Nacional

Das Caféhaus mit Ambiente ist eine Oase der Ruhe. Gute süße Stückchen. *Praça da Figueira 1 a*

Gringo's Café

Eine Art Hard-Rock-Café in mexikanischem Stil. *Av. 24 de Julho 116, Kategorie 2–3*

Pap'Açorda

Für Intellektuelle, viel Marmor. *Rua da Atalaia 57, Tel. 01/346 48 11, Kategorie 1–2*

Tavares Rico

Im Flair des 18. Jhs. mit vergoldeten Spiegelwänden eingerichtet. Im ersten Stock gibt es günstige Mittagsgerichte (Kantine). *Rua da Misericórdia 37, Tel. 01/342 11 12, Kategorie 1–2*

Die fünf wichtigen Einkaufsgebiete: Das teuerste liegt in der Gegend der *Avenidas Novas*, um die *Avenida da Roma*. Am preiswertesten und am hektischsten geht es in der alten Innenstadt zu, der *Baixa* mit ihren rechtwinklig sich kreuzenden Straßen. Die Straßennamen verraten, welche Zünfte hier einst vorherrschten: *Rua da Prata* (Silber) oder *Rua dos Sapateiros* (Schuster). Im Stadtteil *Chiado* (um die *Rua Garrett*) sind die Geschäfte feiner, jedoch auch teurer als in der Baixa. Seit ein paar Jahren gibt es im Großraum Lissabon zwei riesige Shopping-Komplexe mit Boutiquen, Restaurants, Bars, sogar Kinos und Bingohallen: in Lissabon *Amoreiras (Rua Duarte Pacheco)* und *CascaiShopping (25 km außerhalb an der N 9 bei Alcabideche)*. Demnächst wird das feinste Einkaufszentrum der Stadt eröffnet: *Columbo* beim Benfica-Stadion.

In der Nähe des Rossio-Platzes (z. B. in der *Rua das Portas de Santo Antão*) gibt es viele kleine Pensionen zu günstigen Preisen.

Hotel da Lapa

Nobles Stadtpalais. *99 Zi., Rua do Pau de Bandeira 4, Tel. 01/395 00 05, Fax 395 06 65, Kategorie 1*

Hotel Lisboa Plaza

In ruhiger Seitenstraße, nur zwei Minuten zum Zentrum. Stilvoll, elegant. *112 Zi., Av. da Liberdade/ Travessa Salitre, Tel. 01/346 39 22, Fax 347 16 30, Kategorie 1*

Hotel Métropole

Zentrales, geschmackvoll renoviertes Stadthotel. *36 Zi., Rossio 30, Tel. 01/346 91 64, Fax 346 91 66, Kategorie 1–2*

Hotel Príncipe Real

Stadthotel in der Nähe des Botanischen Gartens. Vom Frühstücksraum aus herrlicher Blick über das Zentrum. *24 Zi., Rua da Alegria 53, Tel. 01/346 01 16, Fax 342 21 04, Kategorie 1–2*

York House

In einem ehemaligen Kloster aus dem 16. Jh., von außen nichts Besonderes, dennoch eine elegante Residenz mit viel Charme, einem hübschen Innenhof und schönen Zimmern. *32 Zi., Rua das Janelas Verdes 32, Tel. 01/396 24 35, Fax 397 27 93, Kategorie 1*

AM ABEND

In Lissabon beginnt das Nachtleben spät. Vor 22.30 Uhr braucht man nicht aufzubrechen, es sei denn, man geht ins *Kino* – in Portugal ein abendfüllendes Erlebnis: Die Vorstellung *(ca. 800 $)* beginnt meist nach 20.30 Uhr und dauert wegen kleiner Pausen oft bis 23 Uhr, anschließend geht man dann noch essen. *Fadolokale* öffnen zwar schon um 20 Uhr,

doch vor 22 Uhr tut sich dort gar nichts. Die meisten Fadolokale liegen im Bairro Alto, viele verlangen einen *Minimumverzehr ab 3000 $* pro Person. Wer es besonders touristisch liebt, muß in die *Adega Machado* oder ins *Restaurante Típico Luso* gehen. Gediegener geht es im *O Forcado (Do–Di)* zu, elegant im *O Faia (Mo–Sa)*, herzlich im *azulejo*-verzierten *Canto do Camões (Mo–Sa)*. Einheimische empfehlen gerne den ganz und gar nicht touristischen Fado in A Viela *(Mo–Sa)*, im *Cristal* oder in der *Casa do Leão* im Castelo São Jorge *(Di, Do, Fr)*.

Unter den Bars Lissabons ist derzeit die Cocktailbar *Oh Lisboa* (Publikum: Künstler und Kreative) am beliebtesten. Feiner geht es im *T Clube* zu. Junge Leute gehen lieber in High-Tech-Bars wie das *Páginas Tantas* im Bairro Alto. Mehr ist jedoch auf der Avenida 24 de Julho los. Etwa in der ausgeflippten *Cafébar Trifásica* direkt neben Lissabons schönster Diskothek A Capital oder in der Jazz-Pop-Soul-Bar *Metalúrgica*. Karaoke gibt es im *A Última Ceia (Do und So)*. Die Diskotheken *Alcântara Mar, Gartejo* und *Benzina* füllen sich erst in den frühen Morgenstunden.

AUSKUNFT

Turismo

Praça dos Restauradores, Tel. 01/ 346 33 14, Fax 346 87 72, tgl. 9 bis 20 Uhr

ZIELE IN DER UMGEBUNG

Cascais (G 2)

Touristisches Zentrum an kleiner Bucht. Viele Cafés und Boutiquen. Im Sommer hoffnungslos überlaufen. Im alten *Rathaus* und in der Kapelle *Nossa Senhora da Nazaré* kann man *azulejos* besichtigen. Größtes Einkaufszentrum im Großraum Lissabon: *CascaiShopping*

Estoril (H 2)

»Das« Seebad Portugals. Der mondänste Badeort des Landes mit Feudalhotels (z. B. *Hotel Palácio, 168 Zi., Rua do Parque, Tel. 01/ 468 04 00, Fax 468 48 67, Kategorie 1)*, Kasino, Golfplätzen und dem »Großen Preis von Portugal«, einem Formel-1-Rennen, das jeden Sommer ausgetragen wird. In der Gegend gibt es viele Landsitze aus dem 17. und 18. Jh.; einige können besichtigt werden, z. B. der *Palast* des Grafen von Pombal in *Oeiras*.

Palmela (H 3)

Der Ort ist bekannt für den guten Wein und für das bunte Weinfest im September. In einer alten Burg auf einem Hügel etwas außerhalb in Richtung Setúbal liegt die schöne *Pousada de Palmela (28 Zi., Tel. 01/235 12 26, Fax 233 04 40, Kategorie 1)*.

SINTRA

(H 2) ★ Am Fuße eines dichtbewachsenen Felsgebirges liegt Sintra (ca. 22 000 Ew.), die ehemalige Sommerresidenz portugiesischer Könige und Adliger: Verwinkelte Gäßchen, malerische Winkel, Rokokovillen, versteckte Chalets und das milde Klima ziehen nach wie vor viele Fremde an. Wer Glück hat und nicht allzu vielen Touristen begegnet, wird bei einem Spaziergang durch den alten Teil des Ortes Lord Byron beipflichten, in der »reizendsten Stadt Europas« zu sein. Jeweils am 2. und 4. Sonntag im Monat ist Flohmarkt.

BESICHTIGUNGEN

Königspalast (Palácio da Vila)

Der manuelinische Palast ist eine labyrinthische Anlage aus dem 15./16. Jh. mit maurisch anmutenden Innenhöfen, beeindruckenden *azulejos* und verschwenderischer Inneneinrichtung. Seine überdimensionalen Kamine sind zum Wahrzeichen der Stadt geworden. *Do–Di 10 bis 17 Uhr, Eintritt 400 $, So-Vormittag frei*

Palácio Nacional da Pena

Inmitten eines subtropischen Parks liegt hoch über Sintra der Palácio da Pena, den der Prinz von Coburg-Koháry im 19. Jh. auf den Ruinen eines manuelinischen Klosters errichten ließ. Manch ein Kunsthistoriker mag über dieses »Neuschwanstein Portugals« entsetzt sein: Das kuriose Phantasieschloß ist ein Sammelsurium an Stilarten. *Di–So 10–17 Uhr, Eintritt 400 $, So-Vormittag frei*

RESTAURANT

Adraga

Einfaches Fischlokal am einsamen Strand von Almoçageme mit schönem Blick auf die Brandung. *Praia da Adraga, Tel. 01/ 929 08 72, Kategorie 3*

HOTELS

Caesar Park

Luxushotel auf ehemaliger Klosteranlage in einem Naturschutzgebiet 6 km von Sintra. 18-Loch-

Der Palast von Pena in Sintra

Golfplatz. *177 Zi., Linhó, Tel. 01/ 924 90 11, Fax 924 90 07, Kategorie 1*

Palácio dos Seteais

Die nobelste Unterkunft der Gegend, in einer ehemaligen Palastanlage aus dem 18. Jh. Alle Wände handbemalt. *30 Zi., Rua Barbosa do Bocage 8, Tel. 01/923 32 00, Fax 923 42 77, Kategorie 1*

Pensão Sintra

Bis auf die Einrichtung alles herrlich: das ehemalige Herrenhaus, der Garten, der Pool, die Ruhe. *10 Zi., Travessa dos Avelares 12, Tel. 01/923 07 38, Kategorie 2*

Quintas

In und um Sintra eine Reihe von Landsitzen und Klöstern, die zu Gästehäusern umgebaut wurden. Am geschmackvollsten die *Quinta das Sequoias*, eine Oase mit Pool. *6 Zi., Tel. 01/924 38 21, Fax 923 03 42, Kategorie 1*

AUSKUNFT

Turismo

Praça da República, Tel. 01/ 923 11 57, tgl. 9–19 Uhr, im Sommer bis 20 Uhr; im oberen Geschoß ein kleines archäologisches Museum

ZIELE IN DER UMGEBUNG

Cabo da Roca (G 2)

★ Der westlichste Punkt des europäischen Festlandes. Die windumtoste, gut 140 m hohe Klippe wird von einem Leuchtturm markiert.

Guincho (G 2)

Am Strand von Guincho finden jährlich die Weltmeisterschaften im Brandungssurfen statt. Das ehemalige Fort auf den Klippen ist heute ein (sehenswertes!) Hotel *(Hotel do Guincho, 31 Zi., Tel. 01/487 04 91, Fax 487 04 31, Kategorie 1).*

Mafra (H 2)

Den gewaltigen Palast hat König João V Anfang des 18. Jhs. in Auftrag gegeben, mit dem Ziel, eine Anlage zu schaffen, die größer sein sollte als der spanische El Escorial. Tatsächlich ist der Komplex so monströs geraten, daß er den portugiesischen Königen als Residenz zu groß wurde. Hauptsehenswürdigkeit ist die riesige *Bibliothek* mit 88 Meter langen Bücherregalen und einer Erstausgabe der Lusíaden von Camões. *Mi–Mo 10–13 und 14–17 Uhr, Eintritt 350 $, So-Vormittag frei*

Queluz (H 2)

★ Heiteres Rokokoschlößchen mit verspielten Gärten, kleinen Wäldern und einem Wasserfall. Vor 60 Jahren durch einen Brand fast komplett zerstört; nur noch die Außenmauern sind erhalten geblieben. Das Schloßgebäude ist heute ein Hotel, darin das Restaurant *Cozinha Velha*, stilvoll, aber teuer *(Tel. 01/435 61 58, Kategorie 1).*

Im weiten Alentejo

*Eine Landschaft,
die mehr Beachtung verdient, als sie
gemeinhin erhält*

Die »Ebenen« sind das große, weite und flache Gebiet beiderseits des Tejo. Früher hießen diese Provinzen Ribatejo und Alentejo, die Landschaften also an den Ufern (*riba*) und jenseits (*além*) des Tejo. Im Sommer wird es dort unerträglich heiß, im Herbst gießt es wie aus Kübeln, die Winter sind empfindlich kalt, und einen Frühling gibt es kaum. Das Land ist dünn besiedelt und gilt als ärmste Gegend Portugals. Die meisten Touristen durchfahren diese Region unachtsam, denn weit und breit gibt es hier nichts zu sehen: monotone Landschaft, nur hier und da ein Hügel. Zwischen den weit auseinander liegenden Dörfern trifft man immer wieder auf einen *monte*, ein weißes Herrenhaus auf einer kleinen Anhöhe. Es sind jene Gutshöfe, die nach der Revolution im Jahre 1974 von den armen, aber selbstbewußten Landarbeitern enteignet und in Kooperativen weiter bearbeitet worden sind. Nach und nach sind diese Landreformen von den Regierungen jedoch

wieder rückgängig gemacht worden. Rund um solche *montes* erstrecken sich Getreidefelder, Weiden und Korkeichenwälder, so weit das Auge reicht. Nicht selten begegnet man großen Schweine-, Schaf- und Rinderherden, und es wundert nicht, daß auf diesen riesigen Gütern mehr als ein Drittel des portugiesischen Viehbestandes gezüchtet wird. So langweilig, still und melancholisch, dürr und endlos, wie die Landschaft bei der Durchfahrt wirkt, ist sie gar nicht. Auch in den Ebenen gibt es Sehenswürdigkeiten und ein reichhaltiges Freizeitangebot.

BEJA

(K4) Seiner Lage wegen wird Beja gerne auch die Königin der Ebene genannt: Von Norden kommend erkennt man die Stadt schon von weitem an dem alten Kastell und dem mächtigen Turm; die Neubauten am Stadtrand lassen nicht vermuten, daß sich im Zentrum ein charmanter Altstadtkern mit engen Gäßchen und einer schönen Fußgängerzone verbirgt. Beja (ca. 25 000 Ew.) ist ein hübsches Städtchen zum Bummeln; auf Schritt und Tritt begegnen dem Besucher

*Der römische Tempel in Évora:
War er Diana, der Göttin der Jagd,
gewidmet?*

Überreste aus der bewegten Stadtvergangenheit und erinnern an Römer, Westgoten und Mauren, die hier einst gelebt haben. Länger als ein paar Stunden braucht man indes in der zweitgrößten Stadt des Alentejo nicht, um die Attraktionen gesehen zu haben.

BESICHTIGUNGEN

Praça da República

Hier stehen der *pelourinho* (manuelinischer Pranger), das alte und das neue *Rathaus* sowie die *Misericórdia-Kirche* (strenge Renaissance); sie war ursprünglich als Schlachthaus konzipiert und ist erst im 16. Jh. zur Kirche umfunktioniert worden. *Eintritt frei*

Torre de Menagem

Das Wahrzeichen der Stadt und Teil des Kastells, das auf römischen Fundamenten mit einst 40 Toren erbaut worden ist; davon sind heute nur noch wenige erhalten. Lohnend ist der Aufstieg auf den 40 m hohen Turm aus dem 13. Jh., den höchsten Wehrturm des ganzen Landes. *Di–So 10–13 und 14–18 Uhr, im Winter nur bis 16 Uhr, Eintritt 150 $, So frei*

MUSEUM

Museu da Rainha Dona Leonor

Das Regionalmuseum ist im ehemaligen Conceição-Konvent (manuelinischer Baustil) untergebracht. Dieses Kloster ist wegen der (von Rilke übersetzten) Briefe der Nonne Mariana an den Grafen von Chamilly berühmt geworden. Heute wird gemunkelt, daß die Briefe in Wirklichkeit gar nicht von der verlassenen Liebenden geschrieben, sondern von einem Franzosen gedichtet worden seien. In der Kirche sind alte maurische *azulejos*, im Museum landesgeschichtliche und sakrale Ausstellungsstücke zu sehen. *Di-So 10 bis 13 und 14–17.15 Uhr, Eintritt 200 $*

RESTAURANTS/CAFÉ

Café Luís da Rocha

Das bekannteste Café der Stadt. Es ist zwar weder gemütlich noch besonders preiswert, aber typisch für portugiesische Kleinstadtcafés und meistens voll; Spezialität des Hauses sind *porquinhos* – kleine Schweinchen aus Schokolade. In der ersten Etage befindet sich ein Restaurant. *Rua Capitão João Francisco de Sousa*

Esquina

Derzeit das beliebteste Restaurant unter Einheimischen. *Rua Infante Dom Henrique 24, Tel. 084/38 92 38, Kategorie 3*

Os Infantes

Bar und Restaurant mit guter Küche, am südlichen Ortsausgang der Stadt gelegen. *Rua dos Infantes 14, Tel. 084/227 89, Kategorie 2*

O Portão

Einfaches und preiswertes Lokal. *Travessa da Audiência, Tel. 084/233 12, Kategorie 3*

EINKAUFEN

Jeden ersten und dritten Montag des Monats ist am *Largo da Feira* (am Ortsausgang in Richtung Algarve) großer Markt. Jahr-

MARCO POLO TIPS FÜR DIE PLANÍCIES

1 Portalegre
Die alte Bischofsstadt ist wegen ihres schönen Stadtbildes mit Palästen, Kirchen, Klöstern, Bürgerhäusern und Stadtmauer einen Besuch wert (Seite 75)

2 Almendres
Prähistorische Funde, Dolmen und Megalithenkreise in der Umgebung lohnen eine Rundfahrt (Seite 75)

3 Der römische Tempel von Évora
Eine der besterhaltenen römischen Ruinen Portugals (Seite 74)

4 Casa dos Ossos in Évora
Wer einmal in der kleinen Kapelle war, wird diese nie vergessen können; ein ganzer Raum ist mit den Gebeinen von mehr als 5000 Menschen ausgekleidet (Seite 74)

märkte und Volksfeste finden in der zweiten Maihälfte und vom 10. bis 15. August statt. Am 10. August, dem Tag des heiligen Lourenço, wird ein buntes Volksfest gefeiert; dann werden auch Stierkämpfe veranstaltet.

HOTELS

Die meisten Pensionen liegen direkt in der Innenstadt.

Residencial Bejense
Preiswert, einfach und zentral gelegen. *24 Zi., Rua Capitão João Francisco de Sousa 57, Tel. 084/ 32 50 01/02, Kategorie 3*

Hotel Melius
Ein ganz neues Hotel in Beja. *62 Zi., Rua Fialho de Almeida, Tel. 084/32 18 22, Fax 32 18 25, Kategorie 2*

Pousada de São Francisco
Wurde erst 1994 im alten Franziskanerkloster eingerichtet und gehört zu den schönsten Pousadas Portugals. *35 Zi., Tel. 084/ 32 84 41, Fax 32 91 43, Kategorie 1*

AM ABEND

Abends geht man in die Bar *Ufo's* oder in die Diskotheken *Via Ferrea* und *República do Alcool*.

Café-Bar Os Infantes
Beliebter Treffpunkt für Intellektuelle; hier gibt es häufig auch Live-Musik sowie Kunstausstellungen. *Ab 22 Uhr, Rua dos Infantes 14*

AUSKUNFT

Turismo
Rua Capitão João Francisco de Sousa 25, Tel. 084/236 93, Mo Fr 10–18 Uhr, im Sommer 9–21 Uhr, Sa 10 bis 12.30 und 14.30–18 Uhr

ZIEL IN DER UMGEBUNG

Moura (L 4)
Optisch hat die kleine Stadt (10 000 Ew.) rund 60 km nordöstlich von Beja deutlich maurischen Charakter, auf den schon ihr Name, »die Maurische«, verweist. Schneeweiß liegt sie in der Landschaft.

ÉVORA

(**K 3**) Etwa dreihundert Männer stehen in Grüppchen beisammen und diskutieren. Sie reden über soziale Mißstände, über Politik und über Viehpreise – vor allem handeln sie ihre Geschäfte aus. Der arkadengesäumte Stadtplatz von Évora, der Hauptstadt des Alentejo, die ❂ Praça do Geraldo, ist am Dienstagvormittag Treffpunkt von Händlern und Bauern aus der Umgebung: ein Markt ohne Waren. Beim Versuch, mit dem Auto hierherzugelangen, kann man schnell verzweifeln. Der historische Stadtkern mit seinen Bürgerhäusern aus dem 16. und 17. Jh., den alten Palästen und Kirchen verschiedenster Stilrichtungen und den verwinkelten, engen Einbahnsträßchen ist rundherum von mittelalterlichen Mauern aus dem 14. Jh. umgeben.

Die Stadt (ca. 52 000 Ew.) ist überreich an Monumenten, weshalb sie die Unesco komplett unter Denkmalschutz gestellt und auf die World Heritage List gesetzt hat.

BESICHTIGUNGEN

Casa dos Ossos
★ Eine makabere Attraktion ist die Knochenkapelle (17. Jh.) in der Kirche São Francisco. Die Wände der Kapelle sind mit 5000 Totenschädeln und Knochen verkleidet. Ein kleines Schild soll den Besucher mahnen: *Nós ossos que aqui estamos – pelos vossos esperamos:* »Unsere hier versammelten Gebeine warten auf die eurigen.« *Tgl. 9–13 und 14–17.30 Uhr, im Sommer bis 18 Uhr, Eintritt 50 $*

Kathedrale (Sé)
Die Kirche (12./13. Jh.) mit ihrem 70 m langen Innenschiff ist beeindruckend. Leider ist ihr Turm baufällig und kann nicht mehr bestiegen werden. Sehenswert sind das der Kathedrale angeschlossene *Kloster* mit seinem mittelalterlichen Kreuzgang und das *Museu de Arte Sacra* in der Sakristei; die bedeutendsten Stücke der Sammlung sind ein Reliquienkreuz mit 1426 Steinen und Diamanten und eine Madonna aus Elfenbein (13./14. Jh.). Das Triptychon zeigt zehn Szenen aus dem Leben Marias. *Di–So 10–12 und 14–17 Uhr, Eintritt 250 $*

Römischer Tempel
★ Vom Tempel (1./2. Jh.) stehen noch 14 der 18 korinthischen Säulen; jahrhundertelang war er zugemauert und ist so vor dem Verfall bewahrt worden. Erst 1870 hat man ihn freigelegt. Es heißt, der Tempel sei nach der Göttin Diana benannt, nachweisen konnte das bisher niemand.

RESTAURANTS

Aquário
❂ Gilt unter den Einheimischen als das beste der Stadt. Es ist entsprechend gut besucht. *Rua de Valdevinos 7, Tel. 066/294 03, Kategorie 2*

Fialho
Ein erstklassiges Restaurant. *Travessa das Mascarenhas 16, Tel. 066/230 79, Kategorie 1*

Luar de Janeiro
Restaurant für gehobene Ansprüche. *Rua 1° de Janeiro, Tel. 066/248 95, Kategorie 1–2*

Pensão Policarpo

Wie man sich eine ländliche Pension vorstellt: Sie liegt zentral in einem alten Stadtpalast mit *azulejo*-verziertem Aufenthaltsraum und bemalten Bauernmöbeln. Einige Zimmer sind mit *azulejos* aus dem 16. Jh. geschmückt. *20 Zi., Rua da Freira de Baixo 16, Tel. 066/74 11 76, Kategorie 2*

Pousada dos Lóios

In einem ehemaligen Kloster untergebracht. Sehenswert ist hier vor allem der herrliche Kreuzgang; die Zimmer sind ziemlich klein und für den Preis zu spärlich eingerichtet. *32 Zi., gegenüber dem Dianatempel, Tel. 066/240 51, Fax 272 48, Kategorie 1*

Hotel Santa Clara

Einfaches Hotel, gute Küche. *43 Zi., Travessa da Milheira 19, Tel. 066/ 241 41, Fax 265 44, Kategorie 2*

Turismo

Praça do Giraldo 73 und Av. de São Sebastião (außerhalb der Stadtmauern), Tel. 066/226 71, Mo–Fr 9–18 Uhr, Sa und So 9–12 und 14 bis 17.30 Uhr

Almendres (K 3)

★ In der Nähe von Évora gibt es eine Reihe von Megalithen: die *Dolmen von Zambujeiro*, die *Grotte von Escoural* und die *Menhire von Almendres*. Eine Rundfahrt (Karte erhältlich im Touristenbüro) dauert einen ganzen Nachmittag; am beeindruckendsten sind Cromlech und die Menhire von Almendres: Mitten in einem Korkeichenwald (etwa 20 Minuten von Évora entfernt; auf der Straße nach Lissabon, bei Guadalupe links ab) stehen 95 Monolithen ellipsenförmig aufgereiht.

Arraiolos (K 2)

Nach Arraiolos fährt man durch das Land der Steine und der Schäfer. Schon von weitem leuchtet das Städtchen auf einem Hügel; auch im Ortskern strahlen die weiß-blauen Häuser. Arraiolos ist für seine Teppichknüpfer bekannt; überall werden hier die bunten Wollteppiche angeboten.

Estremoz (K 2)

Als Töpferstadt bekannt; daran wird man spätestens auf dem Rossio-Platz erinnert, wenn man dort vor den Marktständen steht. Obwohl die Stadt mit 8000 Einwohnern auf den ersten Blick unübersichtlich und nicht schön wirkt, ist sie doch kulturhistorisch interessant: durch die mittelalterliche *Burg*, das alte *Rathaus* und nicht zuletzt durch die Pousada, die im ehemaligen *Palast* von König Dinis untergebracht ist.

Portalegre (K–L 1)

★ Die Stadt liegt nahe der spanischen Grenze an den Ausläufern der Serra de São Mamede an einem Hang. Herrliche *Adelspaläste* und *Bürgerhäuser*, ehemalige *Klöster*, ein altes *Kastell* und die von einer mittelalterlichen *Stadtmauer* umgebene Altstadt machen die Bezirkshauptstadt (16 000 Ew.) zu einem kleinen Freilichtmuseum; hübsch zum Bummeln.

Al Gharb bedeutet der Westen

So nannten die Mauren den westlichen Teil
ihres Emirats, die Portugiesen behielten nach der
Reconquista den Namen bei

Die südlichste Provinz des Landes ist vor 700 Jahren als letzte unter die Herrschaft der portugiesischen Krone gekommen. Der 50 km breite und 150 km lange Küstenstreifen ist im Osten durch den Rio Guadiana von Spanien und im Norden durch eine Hügelkette vom Alentejo getrennt. Sie schützt die Region vor kühlen Nordwinden und macht sie so zu einem reichen Garten: Es wachsen hier Öl- und Johannisbrotbäume, Apfelsinen, Zitronen, Feigen und Mandeln. Die berühmte Mandelblüte verwandelt das Gebiet im Februar in ein rosarotes Paradies.

Auch die Küstenlandschaft ist abwechslungsreich: Im Osten gibt es ausgedehnte Sandbänke, Dünenlandschaften und Lagunen, zum Westen hin immer mehr Felsküste und steile Riffe. Die Kombination aus mildem Klima, alter Kultur und schönen Stränden hat die Algarve seit

Ideal für einen Urlaub
wie im Katalog:
Algarve bei Lagos

mehr als hundert Jahren zu einem beliebten Feriengebiet gemacht. Leider hat der Massentourismus große Teile der Landschaft verschandelt: Moderne Hotelkomplexe und riesige Feriensiedlungen zerstören das Landschaftsbild an der Küste.

Nur noch an wenigen Stellen findet man »romantische Fischerorte und ruhige Strände«, wie es Reiseveranstalter versprechen. Vielleicht im Naturschutzgebiet bei Sagres, dort »wo das Land endet und das Meer beginnt«, etwa wenn man auf der windigen Klippe des Cabo São Vicente steht, den Blick über das Meer gerichtet – vielleicht kann man dort empfinden, wie schön es hier einmal gewesen sein muß.

ALBUFEIRA

(16) Albufeira gilt als Touristenort par excellence. Dabei gibt es in dem alten Fischerstädtchen (15 000 Ew.) so gut wie nichts zu sehen; das Museum wurde geschlossen, die berühmten Grotten sind eingestürzt, und die Aussichtsplattform wurde zuge-

baut. Dennoch hat Albufeira Charme. Auf dem kleinen Platz im alten Ortskern und in der angrenzenden Fußgängerzone herrscht reges Leben; die vielen kleinen Cafés, Restaurants und Bars sind im Sommer überfüllt und bieten genau das, was junge Leute im Urlaub suchen. Zwar ist Albufeira nicht vom Bauboom verschont geblieben, doch haben es die Städteplaner geschafft, die Neubauten dem alten Stadtbild einigermaßen anzupassen: Terrassenförmig angelegt, strahlen die weißgetünchten Häuser über dem blauen Meer.

RESTAURANTS

In Albufeira gibt es viele hübsche Restaurants; empfehlenswert: *A Ruina, Tel. 089/51 20 94, Kategorie 2* (rustikal), *As Três Palmeiras* (außerhalb in *Areias de São João*, bei Einheimischen beliebt), *Tel. 089/58 63 53, Kategorie 2.*

EINKAUFEN

Jeden ersten und dritten Dienstag im Monat findet vormittags an der Straße nach São Rafael ein ◈ großer *Markt* statt.

HOTELS

Apartamentos Natursol

Moderne Zimmer im Fischerort Olhos de Agua. *61 Zi., Tel. 089/50 17 11, Fax 50 17 23, Kategorie 2*

Vila Recife

Alte Stadtvilla mit Charme. *29 Zi., im Winter geschl., Rua Miguel Bombarda 6, Tel. 089/58 67 47, Fax 58 71 82, Kategorie 2*

Vila Vita Parc

Die schönste Ferienanlage der Algarve bei Armação de Pêra setzt mit hervorragendem Komfort und Service und einem einmaligen Park neue Maßstäbe. *158 Zi., Armação de Pêra, Tel. 082/31 53 10, Fax 31 53 33, Kategorie 1*

MARCO POLO TIPS FÜR DIE ALGARVE

1 Vila Real de Santo António
Eine landschaftlich reizvolle Dampferfahrt auf dem Grenzfluß Guadiana nach Alcoutim (Seite 82)

2 Hinterland von Faro
Landschaftlich reizvoll ist die kurze Fahrt von Santa Bárbara de Nexe nach Estói (Seite 82)

3 Almansil
In der Dorfkirche kann man *azulejos* des Barockmalers Policarpo bestaunen (Seite 81)

4 Burgau
Das Fischernest klebt in einer breiten Felsspalte; für einen richtigen Hafen ist kein Platz, die Fischerboote werden einfach ein Stück die Dorfstraße hochgezogen (Seite 85)

5 Vila do Bispo
Pfarrkirche aus dem 17. Jh. mit herrlichen *azulejos* (Seite 86)

6 Cabo de São Vicente
Das südwestlichste Kap Europas ist etwas für Naturliebhaber (Seite 86)

Das alte Fischerstädtchen Albufeira hat sich zum Touristenort par excellence gewandelt – mit allen Vor- und Nachteilen

SPIEL UND SPORT

🏃 Baden: Außerhalb von Albufeira liegen die drei Vergnügungsparks *The Big One, Slide & Splash* und *Atlântica*. Von Albufeira, Praia da Oura, Carvoeiro, Portimão und Olhos de Agua aus gibt es Busverbindungen. *Eintritt 2200 $, Kinder 1300 $*

Interessant, besonders für Kinder, ist der *Zoomarine Park* mit Delphinshows. *Eintritt 2150 $, Kinder 1300 $*

Segeln und Schiffsausflüge: Im nahen *Vilamoura* bieten verschiedene Veranstalter (z.B. *Algarve Seafaris* oder *Cascais Marina Tour*) kleine Segeltörns an – auch mit Rennbooten oder als Angelfahrt. *Tagestour einschließlich Barbecue ab 60 Mark*

Jeep-Safaris ins Hinterland zu buchen über *Zebra Safari, Tel. 089/58 87 96.* ✪ *Stierkämpfe* finden während der Sommermonate *samstags nachmittags* statt. *Eintritt ab 4000 $*

AM ABEND

🕺 *Twist* ist der »In«-Treffpunkt junger Leute. Auch das *Vegas*, das *Vertigo* und das *Music Café* sind sehr beliebt. Im nahe gelegenen Areias de São João geht man ins *Kiss* und ins *Locomia*. Außerdem lohnt sich der Weg ins *Café La Rose* in Montechoro.

AUSKUNFT

Turismo
Rua 5 de Outobro, Tel. 089/ 51 21 44, tgl. 9.30–12.30 und 14 bis 19 Uhr, im Sommer bis 20 Uhr

FARO

(**K 6**) Faro hat zwar keine schöne Stadtsilhouette und gilt oft als reizloses Industrie- und Verwaltungszentrum (ca. 40 000 Ew.), ist aber doch eine Stadt mit viel Grün (Palmen), einem kleinen, geschützten Hafen, einer langgezogenen Lagune und einem hübschen Stadtkern. Das alte Stadtviertel wird noch von mittelalterlichen Befestigungsmauern mit gewaltigen Stadttoren umringt. Mehr als fünfhundert Jahre lang haben hier die Mauren geherrscht, bis 1249 König Afonso III. (eine Bronzestatue von ihm steht auf dem Hauptplatz) sein Land von den Arabern befreite.

BESICHTIGUNG

Altstadt
Am Ende der Parkanlage ✪ *Jardim Manuel Bivar* am Hafen von

Faro ist der Eingang zur Altstadt: der *Arco da Vila*. In einer Nische des marmorverkleideten Renaissancetores steht eine Statue des heiligen Thomas von Aquin. Links neben dem Stadttor liegt das Touristenbüro. *Vila a dentro* ist die Altstadt; sie ist rundherum von mächtigen Befestigungsmauern umgeben. An ihrem schönen Hauptplatz (*Largo da Sé*) – hier blühen die Apfelsinenbäume – steht die *Kathedrale* (13. Jh.). Bis auf den wuchtigen Eingangsturm wurde sie 1755 durch ein Erdbeben zerstört. Heute zeigt sie ein Stilgemisch aus Gotik, Renaissance und Barock. Im Inneren: Rosenkranzkapelle mit *azulejos* (17. Jh.). *Mo – Fr 10–12 Uhr, So während der Messe*

MUSEEN

Museu Arqueológico e Lapidar Infante Dom Henrique
In einem ehemaligen Kapuzinerkloster untergebracht, zeigt es Gemälde, *azulejos*, frühgeschichtliche Funde und römische Mosaiken. *Mo – Fr 10–12.30 und 14–17.30 Uhr, Eintritt 250 $, Praça Afonso III (hinter der Kathedrale)*

Museu Marítimo Ramalho Ortigão
Das Marinemuseum gibt einen Einblick in Fischfangmethoden, es zeigt Bootsmodelle, Fischereiausrüstungen, Bilder der Seefahrt, Seekarten und eine Fisch- und Krustentiersammlung. *Mo–Fr 10–12.30 und 14–17 Uhr, Eintritt 200 $, Nordwesteck des Bootshafens*

Volkskundemuseum (Museo Etnográfico)
Interessante Darstellung der Lebens- und Arbeitsweise der

Menschen des Landstrichs. *Mo bis Fr 10–18 Uhr, Eintritt 300$, Rua Pé da Cruz 2*

RESTAURANTS

Typische Straßencafés findet man in Faro am Stadtgarten und in der angrenzenden Fußgängerzone ☯ *Rua de Santo António.* Gemütliche Restaurants in den Straßen *Rua Filipe Alistão, Rua Conselheiro Bivar* und am Platz *Ferreira de Almeida.* Dort z.B. das Gartenlokal *Sol e Jardim* oder das preiswerte ☯ *Centenário* in der *Rua Lethes*; beide *Kategorie 3.* Als das beste Restaurant der Stadt gilt bei Einheimischen *Bruno (Rua do Alportel 92, Tel. 089/204 04, Kategorie 1).* Ähnlich beliebt ist auch das *Adega Nova (Rua Francisco Barreto 24, Tel. 089/81 34 33, Kategorie 2).*

La Réserve

☯ Stilvoll (hervorragende Küche) geht es im La Réserve in *Santa Bárbara de Nexe* zu. Dort sitzt man auf der Terrasse und hat einen herrlichen Blick über die Dörfer um Faro. *Voranmeldung notwendig, Tel. 089/902 34, Kategorie 1*

EINKAUFEN

Faros beliebteste Einkaufsstraße ist die Rua de Santo António mit ihren vielen kleinen Nebengäßchen. Am Platz *Dr. Francisco de Sá Carneiro* ist *von 6 bis 13 Uhr täglich* ☯ *Markt.*

HOTEL

Pensão Madalena

Mitten in der Stadt, einfach und sauber. *22 Zi., Rua Conselheiro Bi-* var *109, Tel./Fax 089/80 58 06, Kategorie 3*

SPIEL UND SPORT

Praia de Faro, der Strand von Faro, liegt 6 km außerhalb im Süden auf einer langgestreckten Sandbank; hier werden Segelboote und Angelzubehör vermietet. Es gibt auch eine Windsurfing-Schule. Golfplätze gibt es im *Vale do Lobo* und *Quinta do Lago Golf Club.* Beide liegen ca. 15 km westlich von Faro bei den gleichnamigen Luxusferienanlagen südlich von Almansil.

AM ABEND

Treffpunkt für jegliche Art von Unterhaltung ist die *Rua do Prior,* bisweilen auch gerne »Rua do Crime« (Straße des Verbrechens) genannt, in der es Bars, Kneipen und Restaurants für jeden Geschmack gibt. Faustregel: Je später der Abend, um so illustrer die Gäste.

AUSKUNFT

Turismo

Rua da Misericórdia 8–12, Tel. 089/80 36 04, tgl. 9.30–17 Uhr, im Sommer bis 19 Uhr

ZIELE IN DER UMGEBUNG

Almansil   (K 6)

Das winzige Dorf an der Nationalstraße 125 ist wegen der nahe gelegenen ★ *Kirche São Lourenço dos Matos* berühmt. Vor gut 250 Jahren ist die ursprünglich romanische Kirche mit *azulejos* des Barockmalers Policarpo de Oliveira Bernardes ausgekleidet worden.

*Nach dem Vorbild italienischer
Barockgärten: Schloßgarten von Estói*

geht es weiter, in Richtung Westen durch eine herbe, trockene Landschaft nach *Santa Bárbara de Nexe*: ❂ ein winziger, sehr hübscher Ort in den Hügeln nördlich von Faro; sonntags stehen hier die Männer an der Kreuzung beisammen und diskutieren. Lohnend ist ein kurzer Blick in die *Kirche* wegen der schönen *azulejos* und der vergoldeten Holzschnitzereien.

Tavira (K 6)

Das Fischerstädtchen liegt beiderseits einer Flußmündung; eine ursprünglich römische Brücke verbindet die gleichermaßen reizvollen Stadtteile. Überragt wird Tavira von einem alten Kastell. Es ist ein hübsches Städtchen zum Bummeln und Kaffeetrinken. Baden kann man in Tavira nur auf einer vorgelagerten Sandbank, wie überall in diesem Teil der Algarve.

Vila Real de Santo António (L 6)

Das Städtchen ist bis jetzt noch nicht vom Bauboom verschandelt und hat spanisches Flair; es gibt eine Jugendherberge. Von hier aus kann man eine landschaftlich sehr reizvolle, ca. 30 km lange ★ *Dampferfahrt* auf dem Grenzfluß Guadiana bis nach Alcoutim unternehmen. *Nur im Sommer Reservierung notwendig*

Hinterland von Faro (K 6)

★ Ein hübscher Nachmittagsausflug führt nach *Estói* (11 km nördlich von Faro). Der Ort ist für das kleine *Schloß* und ganz besonders für den verwilderten *Schloßgarten* bekannt. 1989 wurde es an die Stadt Faro verkauft; es soll in den nächsten Jahren restauriert werden. *Der Eintritt in den Park ist frei (Trinkgeld!)*. Die Anlage wurde nach dem Vorbild italienischer Barockgärten gestaltet und ist verziert mit herrlichen *azulejos*, Statuen, Rokokobrunnen und Figurengruppen. Etwa 1 km außerhalb liegen die *Ruinen von Milreu (Di–So 9 bis 12 und 14–17 Uhr, Eintritt frei)*, Ausgrabungen der römischen Stadt Ossonoba. Anschließend

LAGOS

(16) Eine freundliche Kleinstadt auf einem eng bebauten Hügel, mit einer weißen Altstadt, vielen verwinkelten Sträßchen (nichts für Autofahrer!), einer hübsch gestalteten Fußgängerzone und vielen kleinen Plätzen, ideal

zum Bummeln und Flanieren. Touristen kommen wegen der vielen kleinen Badebuchten, der nahe gelegenen Meeresgrotten, der großartigen ✹ Felsformationen und um auf den Spuren Heinrichs des Seefahrers zu wandeln. Im 15. Jh. nämlich wurde die ehemals römische Siedlung zum Ausgangspunkt des großen Weltentdeckers. Seine Schiffswerften bauten die Karavellen für die Entdeckerreisen. Vor 500 Jahren fand hier der erste europäische Sklavenmarkt statt. Knapp zweihundert Jahre lang – bis 1756 – war Lagos Hauptstadt der Algarve; heute ist das hübsche Städtchen (gut 15 000 Ew.) wichtiges Fischerei- und Schiffsbauzentrum.

BESICHTIGUNGEN

Den besten Blick auf die gewaltige Stadtmauer aus dem 14. bis 16. Jh., die einen Großteil des alten Zentrums umschließt, hat man vom Landungssteg gleich neben dem Kastell am Fischereihafen.

Praça da República
Mittelpunkt der Stadt mit einer *Statue* Heinrichs des Seefahrers (1960), dem Schauplatz des ehemaligen Sklavenmarktes (unter den Arkaden am alten Zollamt), dem *Gouverneurspalast* und der *Kirche Misericórdia*.

Santo-António-Kirche
Die Barockkapelle (18. Jh.) ist als die »goldene Kapelle« bekannt – wegen ihrer rundum vergoldeten Holzschnitzereien und der herrlichen *azulejos*; sie ist Teil des Stadtmuseums und wirklich sehenswert.

MUSEUM

Museu Municipal de Lagos
Neben archäologischen Funden und einigen Dokumenten aus der Stadtgeschichte hat das mit der Santo-António-Kirche verbundene Städtische Museum eine beeindruckende volkskundliche Sammlung, mit der das ländliche Leben sowie die Arbeit der Fischer anschaulich dargestellt werden (auch für Kinder sehr interessant). *Di–Fr 9.30 bis 12.30 und 14–17 Uhr, Eintritt 320 $, Rua General Alberto da Silveira*

RESTAURANTS

In der Fußgängerzone Rua 25 de Abril im Zentrum der Stadt gibt es viele hübsche Restaurants, die meisten mit offener Küche, so daß man als Gast verfolgen kann, wie das Essen zubereitet wird. Im Juni findet am Mercado do Levante drei Tage lang ein ❤ »Festival der regionalen Süßigkeiten« statt.

Dom Sebastião
Stilvoll-rustikal mit guter Küche. *Rua 25 de Abril 20–22, Tel. 082/ 76 27 95, Kategorie 2*

O Galeão
Zuvorkommender Service bei Kerzenlicht. *Rua da Laranjeira 1, Tel. 082/76 39 09, Kategorie 2*

Quinta dos Areões
Altes Landgut ca. 6 km außerhalb von Lagos Richtung Sagres, kurz hinter Espiche; volksfestartiges Ambiente mit deftigem Essen, Gesang und Tanz. *Mit Abholservice ab 5500 $ pro Person einschließlich Getränken, Tel. 082/ 78 94 51*

Die »goldene Kapelle« Santo António in Lagos

Restaurante Reis

◆ Hier essen stets auch viele Einheimische. *Rua António Barbosa Vianna 21, Tel. 082/76 29 00, Kategorie 2–3*

EINKAUFEN

Vormittags ab halb acht ist im *mercado municipal* in der Nähe der *Praça Gil Eanes* ◆ Fischmarkt. Jeden ersten Samstag im Monat findet am Ortsausgang in Richtung Portimão ein *Touristenmarkt* statt. Am 16./17. August ist in Lagos großer Jahrmarkt.

HOTELS

Hotel Bela Vista da Luz

Neues Haus im nahen Praia da Luz (6 km westlich). *164 Zi., Tel. 082/78 86 55, Fax 78 86 56, Kategorie 1–2*

Hotel De Lagos

Moderne Anlage in maurischem Stil mitten in der Altstadt von Lagos. Shuttle-Service zum Strand. *304 Zi., Rua Nova da Aldeia, Tel. 082/76 99 67, Fax 76 99 20, Kategorie 1*

Albergaria Marina

36 Zimmer, zum Teil mit Meeresblick, Sonnenterrasse und Swimmingpool. *Av. dos Descobrimentos 388, Tel. 082/76 98 59, Kategorie 2*

SPIEL UND SPORT

In unmittelbarer Nähe von Lagos gibt es 15 herrliche Strände, umgeben von gewaltigen Felsformationen; der kleinste (*Praia dos Estudantes*) ist nur 50 Meter lang (es ist der zweite Strand in Richtung Sagres).

✪ *Von Mai bis Oktober* finden samstags nachmittags die bei den Portugiesen beliebten *Stierkämpfe* statt. *Eintritt ab 4000 $*

Golf im *Palmares Golf Club* (3 km östlich) sowie im *Penina Golf Club* (halber Weg nach Portimão). Wanderführer der Gegend sind im Touristenbüro erhältlich (*250 $*). *Kasino* in *Alvor* (bei Portimão).

〰 Lohnend ist ein Schiffsausflug entlang der Küste; sechsstündige Fahrt mit Mittagessen am Strand ab 60 Mark. *Veranstalter: Via Sagres, Tel. 082/76 76 41* (gegen Aufpreis auch von anderen Städten aus zu buchen).

AM ABEND

Ein beliebter Treffpunkt ist die Bar *Bon Vivant*, etwas gediegener geht es in der *Long Bar* zu, junges Publikum bevorzugt die 🕇 *Phoenix Bar*, und wer laute Musik liebt, sollte in die Diskothek 🕇 *Mullens* gehen. Die größte Disko-Bar von Lagos ist das *XL*.

AUSKUNFT

Turismo
Largo Marquês de Pombal, Tel. 082/76 30 31, Mo–Fr 9.30–12.30 und 14–17 Uhr, im Sommer bis 19 Uhr, Sa und So 14–17 Uhr

ZIELE IN DER UMGEBUNG

Alvor (16)
Der winzige Badeort zwischen Portimão und Lagos liegt am Mündungstrichter des Rio Alvor.

Hier sollte man sich das manuelinische Portal der kleinen *Dorfkirche* ansehen.

Burgau (16)
★ In Burgau ist alles klein: der Strand, die Straßen und die Kneipen. Um nicht unversehens mit dem Auto im Meer zu landen – die steile Dorfstraße endet einfach im Strand –, parkt man es am besten gleich in der Nähe des winzigen Platzes (eher eine größere Kreuzung). Für die Wintermonate mieten sich hier gerne ältere Touristen ein.

Ponta da Piedade (16)
〰 Zur Ponta da Piedade kann man zwar auch mit dem Auto fahren, doch schöner ist eine Bootsfahrt entlang der zerklüfteten Steilküste zum Kap mit seinen skurrilen Felsbildungen. In der Saison, von Mai bis Oktober, fahren einheimische Fischer Touristen zu den Meeresgrotten. *Abfahrt am Kai von Lagos, Preis pro Person ab 1500 $*

Portimão (16)
Hafenstadt (ca. 45 000 Ew.) ohne Charme. Nur im August, während des »Festival da Sardinha«, kann man erahnen, wie es hier einmal zugegangen sein muß.

Praia da Rocha (16)
Schon um die Jahrhundertwende hat Praia da Rocha mit seinen ausgedehnten, feinsandigen Stränden und herrlichen Felsformationen Touristen angezogen. Heute ist der Badeort von Hoch- und Apartmenthäusern übersät. Sehenswert ist nur noch die gediegene *Stadtvilla Bela Vista*, ein Hotel garni (*14 Zi., Av. Tomás Cabreira, Tel. 082/240 55,*

Fax 41 53 69, Kategorie 1). Das Treppenhaus mit *azulejos* aus dem 19. Jh. ist sehenswert, ein Drink auf der Terrasse mit Blick auf den breiten Strand lohnend.

Sagres (H 6)

Nicht der Ort an sich (4000 Ew.), sondern die Fahrt dorthin ist lohnend. Schöner als die Hauptstraße ist die Strecke über Luz, Burgau und Salema (von Burgau nach Salema gibt es allerdings nur einen Schotterweg). In rauher, herber Landschaft liegt Sagres nahe am ★ *Kap São Vicente* (Besichtigung des ☀ Leuchtturms – allerdings nicht immer geöffnet). An der nahe gelegenen *fortaleza* soll Prinz Heinrich seine Seefahrerschule gegründet haben. Man wird vergeblich nach den Überresten suchen, weil es sie hier nie gegeben hat. Außerdem sind erst kürzlich neue Ausstellungsräume auf den Ruinen ehemaliger Wirtschaftshäuser gebaut worden. Eine Ringstraße führt an den Klippen entlang, wo die Fischer bei jedem Wetter angeln. Die gewaltige *Windrose* gleich links vom Eingang der Festung soll bei Mondschein magische Kräfte haben. Rund um Sagres sind mehr als 200 Megalithen gefunden worden. Jeden ersten Freitag im Monat ist *Markt* in Sagres.

Serra de Monchique (15)

☀ Nur bei gutem Wetter sollte man die kurvenreiche Fahrt in den alten Thermalkurort Caldas de Monchique mit Fin-de-siècle-Atmosphäre 30 km landeinwärts unternehmen. Hier oben (250 m) bestehen gute Wandermöglichkeiten, etwa zum Gipfel der Serra de Monchique (*Fóia*, 902 m). Herrlich ist die Mimosen- und Kamelienblüte im Winter. Einkehren kann man im Restaurant *Bica Boa* im benachbarten Bergdorf *Monchique*, um dort auf der Sonnenterrasse zu entspannen *(Tel. 082/922 71, Kategorie 2).* Von Monchique führt ein ☀ Kreuzweg zum oberhalb gelegenen, verfallenen *Kloster Nossa Senhora de Desterro.*

Vila do Bispo (H 6)

★ Die barocke Pfarrkirche des Städtchens mit sehenswerten *azulejos* und vergoldeten Holzschnitzereien stammt aus dem 17. Jh. ✝ Die Jugend trifft sich im *Dromedário.*

Das kann man so oder so sehen

»Sag mal, Isabel, was meinen deine Landsleute eigentlich immer mit ihrem ›Gss, Gss‹? Zum Beispiel im Zug, wenn sie das Abteil verlassen, oder in der Straßenbahn, wenn sie sich neben mich setzen?«

»›Gss, Gss‹ ist eine Abkürzung für ›com licença‹, heißt eigentlich ›mit Ihrer Erlaubnis‹ und ist eine Höflichkeitsform hier bei uns; so wie bei euch ›Entschuldigung‹.«

»Und wie soll ich dann das ›Gss, Gss‹ von den jungen Männern verstehen, die mir das am Strand auch auf eine gewisse Distanz zurufen?«

Isabel muß lächeln und meint: »Ja, das – das ist dann etwas anderes.«

Von Auskunft bis Zoll

*Hier finden Sie kurzgefaßt
die wichtigsten Adressen und Informationen
für Ihre Portugalreise*

AUSKUNFT

Portugiesisches Touristik-Amt
*Schäfergasse 17, 60313 Frankfurt,
Tel. 069/29 05 49
Stubenring 16/3, 1010 Wien,
Tel. 0222/513 26 70
Badenerstr. 15, 8004 Zürich,
Tel. 01/241 00 01*

Zentrale des Tourismusbüros
*(auch für Reklamationen) Direcção
Geral de Turismo,
Av. António Augusto de Aguiar 86,
P-1000 Lisboa, Tel. 01/357 50 86,
Fax 315 03 08*

ARZT/APOTHEKE

Deutsche Krankenscheine werden in Portugal anerkannt, wenn ein entsprechender Anspruchsausweis (kostenlos bei Krankenkassen erhältlich) vorgelegt wird. Wegen der langen Wartezeiten bei Kassenärzten empfiehlt es sich jedoch, eine Urlaubskrankenversicherung abzuschließen. Apotheken (*farmácia*) findet man auch in kleinen Orten; Kliniken und Krankenhäuser mit durchgehendem Notdienst gibt es in jeder Stadt, auf dem Land sind die Gesundheitszentren von 8 bis 20 Uhr geöffnet. *Rotes Kreuz in Lissabon: Tel. 01/301 77 77*

BANKEN

Geldwechsel
Die Landeswährung ist der Escudo (Esc), sie wird mit dem Dollarzeichen $ abgekürzt. Geld sollte erst in Portugal gewechselt werden; der günstigere Umtauschkurs bringt einen Gewinn von immerhin fast 20 Prozent.

Kreditkarten und Eurocheques
Kreditkarten haben sich durchgesetzt; Visa und Eurocard sind am meisten verbreitet. Eurocheques und American Express werden auch akzeptiert. Inhaber von Eurochequekarten können in fast allen Orten Bargeld an Geldautomaten (Zeichen: MB = Multibanco) abheben, Höchstbetrag 40 000 $ pro Tag.

Öffnungszeiten
Mo bis Fr 8.30 bis 15 Uhr; an Flughäfen und in Touristengebieten (während der Hochsai-

son) sind die Bankschalter von 8 bis 20 Uhr geöffnet.

Portugiesische Botschaft
Ubierstr. 78, 53173 Bonn, Tel. 0228/36 30 11

Botschaft der Bundesrepublik Deutschland
Campo dos Mártires da Pátria 38, Lisboa, Tel. 01/881 02 10

Schweizerische Botschaft
Travessa do Patrocínio 1, Lisboa, Tel. 01/397 31 21

Österreichische Botschaft
Rua das Amoreiras 70, Lisboa, Tel. 01/395 82 21

Konsulat der Bundesrepublik Deutschland in Porto
Av. da Boavista 5004, Porto, Tel. 02/610 23 36/37/38

Konsulat der Bundesrepublik Deutschland in Faro
Av. da República 166, Faro, Tel. 089/80 31 48

CAMPING

Wildes Campen ist nicht erlaubt. In Portugal gibt es mehr als 150 Campingplätze; die meisten liegen in bewaldeten Gebieten und in Strandnähe. Verzeichnis bei: *Roteiro Campista, Apartado 3168, P-1304 Lisboa, Tel. 01/364 23 74, Fax 364 23 70*

EINREISEBESTIMMUNGEN

Für die Einreise benötigen deutsche und österreichische Staatsbürger einen gültigen Personalausweis bzw. Reisepaß. Schweizer müssen im Besitz eines gültigen Reisepasses sein. Wer länger als sechs Monate bleiben möchte, muß sich eine Aufenthaltsgenehmigung beim Ausländeramt in Lissabon besorgen *(Polícia dos serviços de Estrangeiro, Rua Conselheiro José Silvestre Ribeiro 22, P-1600 Lisboa, Tel. 01/714 10 27, Fax 714 03 32)*.

Mit dem Auto
Bei der Einreise mit dem eigenen Pkw (es gibt 17 Grenzübergänge) benötigt man einen Führerschein (nationaler genügt), die üblichen Zulassungspapiere, die grüne Versicherungskarte und ein Nationalitätskennzeichen.

Mit Tieren
Für Haustiere wird ein aktuelles amtstierärztliches Gesundheitszeugnis (mit Angaben über Abstammung, Herkunft und Gesundheitszustand des Tieres) verlangt. Ein Nachweis der Tollwutimpfung muß mindestens 30 Tage zurückliegen und Impfdatum sowie die Art des Impfstoffes enthalten. Vor der Abreise sollten beide Bescheinigungen vom portugiesischen Konsulat beglaubigt worden sein.

FKK

Nacktbaden ist in Portugal nicht gestattet, oben ohne wird aber an den meisten Stränden geduldet. In Aldeia do Meco bei Sesimbra soll demnächst ein FKK-Strand offiziell eröffnet werden.

FOTOGRAFIEREN

Überall gestattet, wo es nicht ausdrücklich verboten ist (z. B.

in Museen und Kirchen). Fotomaterial ist in Portugal sehr teuer, besser von zu Hause mitbringen. Es herrschen solche Lichtverhältnisse, daß lichtempfindliche Filme nicht notwendig sind.

MEDIEN

Fernsehen

In den meisten Hotelzimmern und Apartments gibt es Fernsehapparate; über Satelliten empfangen sie Programme in portugiesischer, englischer, deutscher und französischer Sprache.

Zeitungen und Zeitschriften

Mit einem Tag Verspätung kann man in Lissabon, Porto und Faro sowie in vielen Touristenzentren jede größere deutsche Tageszeitung und Zeitschrift kaufen.

NOTRUFE

Polizei und Unfallhilfe

(landesweit): 115

ADAC-Notrufzentrale in München

(rund um die Uhr besetzt)
Tel. 004989/22 22 22

Reiserufe

In dringenden Fällen übernimmt der portugiesische Rundfunk Reiserufe. *Auskunft über die Polizei bzw. den Automobilclub: Tel. 01/356 39 31, RTP: Tel. 01/797 61 77*

ÖFFNUNGSZEITEN

Ladengeschäfte haben täglich außer So von 9 bis 13 und 15 bis 19 Uhr geöffnet; Tabak-, Lebensmittelgeschäfte und Einkaufszentren auch So und bis spätabends.

POST/TELEFON

Fax und Telex

In den größeren Städten bieten die Postämter Telex- und Telefaxdienste an, ebenso die meisten Hotels.

Öffnungszeiten der Postämter

Mo – Fr. 8.30–12.30 und 14.30 bis 18 Uhr. In Lissabon an der Praça do Comércio und an der Praça dos Restauradores bis 20 Uhr.

Porto

Briefporto (bis 20 g) ins Ausland: 78 $, Postkarten ins Ausland: 78 $

Telefonieren

Lokalgespräche kosten pro Minute 17 $ 50. Von jedem öffentlichen Fernsprecher aus kann ins Ausland telefoniert werden. Dazu braucht man Münzen zu 50 $. Praktischer und immer mehr verbreitet ist die Telefonkarte zu 875 $ oder 2100 $. Für ein einminütiges Gespräch nach Deutschland zahlt man tagsüber ca. 210 $, ab 21 Uhr ca. 150 $.

Neu: Urlaubshilfe per Telefon. Von Juni bis September werden Servicetelefone für Touristen eingerichtet. Anschluß in *Lissabon:* 05 00 18 08, in *Porto:* 05 00 59 59, beide ohne Vorwahl; *Mo–Fr* 10–18 Uhr.
Vorwahl nach Portugal: 00351;
Vorwahl nach Deutschland: 0049;
Vorwahl nach Österreich: 0043;
Vorwahl in die Schweiz: 0041

REISEZEIT

Beste Reisezeit sind Frühling (Mitte März bis Anfang Juni) und Herbst (Sept. bis Ende Okt.).

Hochsaison ist vom 1. Mai bis 30. Sept. Die Badesaison dauert im Norden des Landes von Mai bis Sept., im Süden fast das ganze Jahr über.

Portugiesisch ist eine eigenständige romanische Sprache; sie wird nicht nur in Portugal, sondern auch auf den portugiesischen Atlantikinseln (Azoren und Madeira), in Macao (Südchina), in Teilen der ehemaligen portugiesischen Kolonien (Afrika, Indien, Indonesien), vor allem aber in Brasilien gesprochen. Insgesamt sprechen rund 130 Millionen Menschen Portugiesisch. Die Sprache ist aus dem lusitanischen Vulgärlatein hervorgegangen; charakteristisch sind die reiche Zeitformenbildung und viele Nasallaute.

STROM

Auch in Portugal beträgt die Spannung 220 Volt, die Steckdosen entsprechen meistens unserem Standard.

TRINKGELD

Die Bedienung ist in den Rechnungen von Cafés, Hotels und Restaurants bereits enthalten. Dennoch wird natürlich ein Trinkgeld in Höhe von zehn bis 15 Prozent gerne angenommen. Ebenso erwarten Zimmermädchen, Liftboys, Aufseher, Taxifahrer, Platzanweiser, Friseure, Gepäckträger, Schuhputzer und all jene Dienstleistenden, die einem Touristen bei Schwierigkeiten zur Hilfe eilen, ein kleines Trinkgeld.

UNTERKÜNFTE

Ferienwohnungen

Akitours, Schillerstr. 1, 76530 Baden-Baden, Tel. 07221/20 72, Fax 298 88

Olimar Flugreisen, Unter Goldschmied 6, 50667 Köln, Tel. 0221/ 20 59 00, Fax 25 15 91

Herrenhäuser

Solares, casas nobres und *quintas* (oft als *turismo rural* ausgeschildert) sind alte Landsitze; viele werden noch vom Eigentümer bewohnt. Auskünfte über Lage und Preise beim örtlichen Touristenbüro oder vor der Reise über die *Direcção Geral do Turismo*, die jährlich einen bebilderten Herrenhausführer herausgibt, den man für 3000 $ inkl. Versandkosten bestellen kann. Schöne Herrenhäuser hat auch Olimar im Programm *(Unter Goldschmied 6, 50667 Köln, Tel. 0221/20 59 00, Fax 25 15 91).*

Hotels und Pensionen

Der Übernachtungspreis, so will es das Gesetz, schließt immer das Frühstück ein. Es gibt fünf Kategorien, die preislich zwischen 4000 $ (ein Stern, Nebensaison) und 60 000 $ (fünf Sterne, Hochsaison) rangieren. Pensionen (*pensão*) sind meist einfache Häuser; Preise: von 4000 $ (ein Stern, Nebensaison) bis 25 000 $ (vier Sterne, Hochsaison). *Albergaria* und *residência* sind Garniunterkünfte: von 5000 $ (drei Sterne, Nebensaison) bis 31 000 $ (fünf Sterne, Hochsaison). *Casas de hóspedes* sind ganz einfache und dementsprechend sehr preiswerte Gasthäuser. *Estalagens* wiederum sind privat geführte Herbergen unterschiedlichen Standards.

Jugendherbergen

Für den Aufenthalt ist ein internationaler Mitgliedsausweis erforderlich, Reservierungen und Informationen erteilt:

Albergues de Juventude, Rua Andrade Corvo 46, P-1050 Lisboa, Tel. 01/353 26 96

Pousadas

Häufig werden die portugiesischen Pousadas mit den spanischen Paradores verglichen: Auch in Portugal sind es staatlich geführte Hotels, die an ausgewählten, landschaftlich schönen Plätzen oder in alten Burgen, Schlössern, Klöstern oder Herrenhäusern eingerichtet worden sind. Doch ist die Ausstattung nicht überall so herrschaftlich, wie es die Preise vermuten lassen. Die schönsten Pousadas sind im Ortsteil erwähnt; außerdem empfehlenswert sind:

Pousada Dom Dinis (28 Zi.)
Vila Nova de Cerveira (bei Valença)
Tel. 051/79 56 01, Fax 79 56 04
im Zentrum, mit Blick auf die Stadtmauern, manche Zimmer mit Patio

Pousada da Ria (19 Zi.)
Murtosa (bei Aveiro)
Tel. 034/483 32, Fax 483 33
modernes Haus an einer Lagune

Pousada de Santa Isabel (33 Zi.)
Estremoz
Tel. 068/33 20 75, Fax 33 20 79
in einer alten Festung, möbliert im Stil des 12./13. Jhs.

Pousada de Santa Maria da Oliveira (16 Zi.)
Guimarães
Tel. 053/51 41 57, Fax 51 42 04
in einem alten Herrenhaus im Zentrum der Stadt
Alle Kategorie 1

VERKEHR

Auto

Es gelten die internationalen Verkehrsregeln. Tempolimit: in Ortschaften 50 km/h, auf Landstraßen 90 km/h und auf Autobahnen 120 km/h. Die Alkoholgrenze liegt bei 0,5 Promille, ab 1,25 Promille droht Gefängnis.

Der Fahrstil der Portugiesen gilt als unkonventionell – Portugal hat die höchste Rate an Verkehrstoten in Europa. Pannenhilfe leistet der *Automóvel Club de Portugal ACP, Rua Rosa Araújo 24 bis 26, P-1200 Lisboa, Tel. 01/ 356 39 31; Tel. in Porto 02/ 830 11 27; Tel. in Faro 089/230 33; Pannenhilfe-Notruf für Südportugal Tel. 01/942 50 95*

Bahn

Die modernste Zugstrecke des Landes ist die IC-Verbindung zwischen Porto und Lissabon. Einfache Fahrt: 1. Klasse 4800 $, 2. Klasse 2000, mit dem Zug »Alfa« 2950 $. Alle anderen Zug-

Duldet kaum andere neben sich: Straßenbahn in Lissabon

verbindungen in Portugal sind für den mitteleuropäischen Geschmack wenig bequem, aber pünktlich. Eine 7-Tage-Touristenfahrkarte kostet 17 000 $ (1. Klasse), eine 14-Tage-Karte 27 000 $, eine 21-Tage-Karte 38 000 $. Geradezu nostalgisch geht es auf einer Bahnstrecke im Norden des Landes zu: auf der Tâmega-Strecke zwischen Livração und Arco de Baúlhe. Alte Dampflokomotiven ziehen ihre Salonwagen durch eine landschaftlich äußerst abwechslungsreiche Gegend.

Busse

Busfahren ist billig und bequem und recht gut organisiert. Durch ein dichtes Routennetz werden sogar entlegene Ortschaften bedient. Pro gefahrene 100 km zahlt man etwa 15 Mark. In Lissabon zahlt man 420 $ für den *Aero-Bus* (alle 20 Minuten) vom Flughafen in die Stadt. Das Ticket ist für den Rest des Tages in allen öffentlichen Verkehrsmitteln der Stadt gültig.

Passe Turístico in Lissabon: vier Tage 1550 $, sieben Tage 2190 $.

Inlandflüge

Neben der TAP bedient die Fluggesellschaft Portugalia mit kleinen Maschinen die Verbindungen von Lissabon nach Porto, Braga, Bragança, Chaves, Vila Real, Viseu, Coimbra, Covilhã, Faro und Portimão.

Leihwagen

Niederlassungen aller namhaften Autovermietungen findet man an den Flughäfen, in den Großstädten und in touristisch erschlossenen Orten. Man zahlt für einen Wagen der unteren Mittelklasse zwischen 80 Mark und 120 Mark am Tag zuzüglich Mehrwertsteuer, Vollkaskoversicherung und Kilometergeld.

Einige Reiseveranstalter bieten »fly & drive« an: Flug und Mietwagenarrangements zum besonders günstigen Preis. Für jene, die nicht zu Hause schon gebucht haben, lohnt sich ein Preisvergleich vor Ort: Die nationalen Autovermietungen liegen preislich häufig deutlich unter den Normaltarifen der internationalen Konkurrenz, z. B. *Auto Cerro, Lissabon, Tel. 01/ 942 57 85,* oder *City Tour, Albufeira, Tel. 089/58 99 97.*

In Portugal genügt der nationale Führerschein; wer ein Auto mietet, muß mindestens 21 Jahre alt sein und schon seit mindestens einem Jahr den Führerschein besitzen.

Schiffsausflüge

Tejo: Von April bis Okt. werden ganztägige Ausflugsfahrten, im Hochsommer auch Nachtkreuzfahrten mit Abendessen an Bord angeboten. Abfahrt: Lissabon, Terreiro do Paço.

Douro: Di–So in Porto Ausflugsfahrten ab Cais da Ribeira. Nachtfahrten mit Candlelight-Dinner im Hochsommer.

Guadiana: Tagestour auf dem Grenzfluß in der Algarve von Vila Real de Santo António nach Alcoutim.

Tankstellen

Sie sind meistens von 7 bis 24 Uhr geöffnet, in großen Städten und an Autobahnen durchgehend. Benzin ist in Portugal relativ teuer. Bleifreies Benzin *(sem chumbo)* ist inzwischen überall erhältlich.

Taxis

Taxis sind in Portugal relativ preiswert. Von 22 bis 6 Uhr zahlt man einen Nachtzuschlag von 20 Prozent.

ZOLL

Seit 1993 gibt es innerhalb der EU für Privatreisende keine Zollgrenze mehr. Der Tourist darf also Waren, die für den persönlichen Verbrauch bestimmt sind, frei ein- und ausführen, z. B. 90 l Wein (davon höchstens 60 l Schaumwein), 800 Zigaretten, 400 Zigarillos, 200 Zigarren, 1 kg Tabak, 20 l Likörwein und ähnliche Zwischenerzeugnisse, 10 l Spirituosen.

Für Schweizer sowie bei Einkauf im Duty-free-Shop gelten jedoch weiterhin die alten Mengenbeschränkungen.

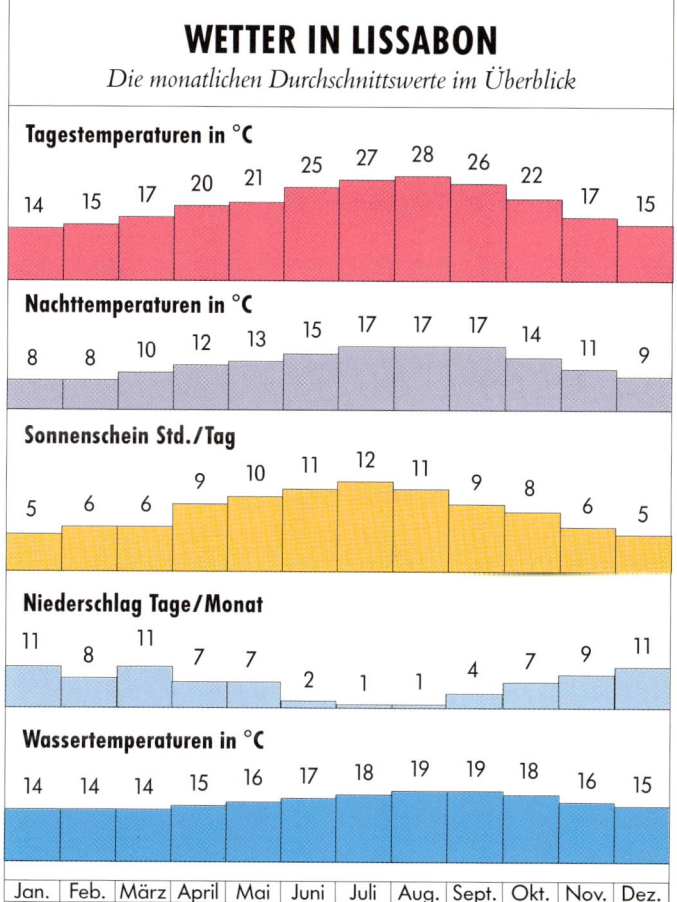

WETTER IN LISSABON
Die monatlichen Durchschnittswerte im Überblick

Tagestemperaturen in °C

Jan.	Feb.	März	April	Mai	Juni	Juli	Aug.	Sept.	Okt.	Nov.	Dez.
14	15	17	20	21	25	27	28	26	22	17	15

Nachttemperaturen in °C

Jan.	Feb.	März	April	Mai	Juni	Juli	Aug.	Sept.	Okt.	Nov.	Dez.
8	8	10	12	13	15	17	17	17	14	11	9

Sonnenschein Std./Tag

Jan.	Feb.	März	April	Mai	Juni	Juli	Aug.	Sept.	Okt.	Nov.	Dez.
5	6	6	9	10	11	12	11	9	8	6	5

Niederschlag Tage/Monat

Jan.	Feb.	März	April	Mai	Juni	Juli	Aug.	Sept.	Okt.	Nov.	Dez.
11	8	11	7	7	2	1	1	4	7	9	11

Wassertemperaturen in °C

Jan.	Feb.	März	April	Mai	Juni	Juli	Aug.	Sept.	Okt.	Nov.	Dez.
14	14	14	15	16	17	18	19	19	18	16	15

Bloß nicht!

Auch in Portugal gibt es –
wie in allen Reiseländern – Touristenfallen und Dinge,
die man besser meidet

Die meisten Portugiesen sind von Grund auf ehrliche Leute, und es liegt ihnen fern, Fremde übers Ohr zu hauen; das widerspricht ihrer natürlichen Gastfreundschaft. Daher gibt es in Portugal auch nicht viele Touristenfallen und wenig Nepp. Daß Bootsfahrten aufs Meer hinaus mit Abendessen in gemütlicher Atmosphäre nicht gerade billig sind, erklärt sich von selbst; ebenso wird ein Candlelight-Dinner mit Fadomusik in der Altstadt von Lissabon ein kleines Loch in die Urlaubskasse reißen (pro Person ab 60 Mark), doch kann man auch Glück haben und nicht nur einen hervorragenden Koch, sondern auch eine Sängerin erleben, für die man gerne bereit ist, auch einmal tiefer in die Tasche zu greifen.

Sicherlich ist in Touristenhochburgen eine gesunde Vor- und Umsicht geboten: Langfinger gibt es überall, auch in Portugal. »Schlepper«, wie man sie von den nahöstlichen Basaren her kennt, kommen nur an ausgesprochenen Ferienorten auf Touristen zu. Wie aus dem Nichts stehen dort plötzlich unscheinbare Männer am Auto und wollen ihre Dienste bei der Hotelsuche anbieten; doch sind die Portugiesen dabei in der Regel unaufdringlich. Anbiedern und Feilschen wird man in Portugal selten erleben.

Quarteira

Liegt 24 km westlich vom Flughafen Faro und ist vermutlich der häßlichste Ort ganz Portugals. Wahrscheinlich bieten deswegen Reiseveranstalter und Immobilienhändler die hier erst vor ein paar Jahren gebauten Wohnungen mittlerweile wie saures Bier an. Der neue Ortsteil besteht aus einer breiten Avenida und abschreckenden Hochhaussiedlungen; beängstigend menschenleer im Winter und hoffnungslos überlaufen im Sommer, ist dieser Ort sowie das Nachbarstädtchen Vilamoura wahrlich kein Muß!

Klima und Meer

Auf der Reise nach Nordportugal sollte man warme Kleidung und Regenschutz zu keiner Jahreszeit vergessen. Beim Baden und Wassersport die wilde Atlantikbrandung nicht unterschätzen! Sie sollten wirklich streng auf die Fahnensignale achten: Bei Grün ist schwimmen erlaubt, bei Rot droht Gefahr, das Baden ist verboten.

In diesem Register sind alle in diesem Führer erwähnten Orte, Ausflugsziele und Hotels verzeichnet. Halbfette Seitenzahlen verweisen auf den Haupteintrag, kursive auf ein Foto.

Was bekomme ich für mein Geld?

 Die portugiesische Währungseinheit ist der Escudo (übersetzt: »der Wappenschild«). Abgekürzt wird die Währung meistens durch ein Dollarzeichen. Geld tauscht man günstiger in Portugal. Bei Travellerschecks können Provisionen den besseren Kurs wieder zunichte machen.

Ein kleiner Kaffee, eine *bica*, kostet 100 bis 250 $, ein Milchkaffee, *galão* genannt, ab 160 $, einen Orangensaft bekommt man ab 200 $, ein Mineralwasser ab 200 $, ein frischgezapftes Bier – je nach Kneipe – ab 150 $ und eine Flasche Wein im Lokal ab 500$; ein Stückchen Kuchen kostet zwischen 100$ und 250$, Fisch- oder Fleischröllchen gibt es ab 100 $. Wer einen Abend in einem Fadolokal verbringen möchte, sollte von vornherein mit mindestens 4500 $ pro Person für Eintritt und Verzehr rechnen. Theater (ab 3000 $), Oper und Ballett (ab 2000 $) sowie Kino (800 $, montags 500 $) sind dagegen wesentlich günstiger. Die Eintrittspreise für Museen hängen in Portugal von der Saison ab. Während man im Winter in vielen Museen nur 250 $ Eintritt verlangt, können die Preise im Sommer bis auf das Dreifache steigen. Stierkampfkarten erhält man zum Teil schon ab 3500 $.

DM	Esc	Esc	DM
1	100	100	1,00
2	200	250	2,50
3	300	500	5,00
4	400	750	7,49
5	501	1.000	9,99
10	1.001	1.500	14,99
20	2.002	2.000	19,98
30	3.003	3.000	29,97
40	4.004	4.000	39,96
50	5.005	5.000	49,95
60	6.006	6.000	59,94
70	7.007	7.500	74,93
80	8.008	10.000	99,90
90	9.009	12.500	124,88
100	10.010	15.000	149,85
200	20.020	25.000	249,75
300	30.030	40.000	399,60
500	50.050	50.000	499,50
750	75.075	75.000	749,25
1.000	100.100	100.000	999,00

Bei Scheckzahlung/Automatenabhebung am Urlaubsort berechnet die Heimatbank die obenstehenden Kurse. Stand: Februar 1997

Sprechen und Verstehen ganz einfach

Zur Erleichterung der Aussprache sind alle portugiesischen Wörter mit einer einfachen Aussprache (in eckigen Klammern) versehen. ' vor einer Silbe bedeutet, daß die nachfolgende Silbe betont wird.

AUF EINEN BLICK

Ja./Nein.	Sim. [sing] / Não. [nau]
Vielleicht.	Talvez. [tal'wesch]
Bitte.	Se faz favor. [s fasch fa'wor]
Danke.	Obrigado./Obrigada. [obri'gadu/obri'gada]
Bitte sehr./Gern ge-schehen.	De nada./Não tem de quê. [d 'nada/nau täi dö ke]
Entschuldigung!	Desculpe!/Desculpa! [dösch'kulp/dösch'kulpa]
Wie bitte?	Como? ['komu]
Ich verstehe Sie nicht.	Não compreendo. [nau kom'prjendu]
Ich spreche nur wenig ...	Falo só um pouco de ... ['falu so ung 'poku dö]
Können Sie mir bitte helfen?	Pode ajudar-me, se faz favor? ['podd_aschu'darm s fasch fa'wor]
Ich möchte ...	Queria ... [kö'ria]
Das gefällt mir (nicht).	(Não) Gosto disto. [('nau) 'goschtu 'dischtu]
Haben Sie ...?	Tem ...? [täi]
Wieviel kostet es?	Quanto custa? ['kuantu 'kuschta]
Wieviel Uhr ist es?	Que horas são? ['kjorrasch sau]

KENNENLERNEN

Guten Morgen!/Tag!	Bom dia!/Boa tarde! [bong 'dia/'boa 'tard]
Guten Abend!	Boa tarde!/Boa noite! ['boa 'tard/'boa 'noit]
Hallo!/Grüß dich!	Olá! [ol'la]
Wie geht es Ihnen?	Como está? ['komu schta]
Wie geht's?	Como é que vais/estás? ['komu ä k waisch/stasch]
Danke. Und Ihnen/dir?	Bem, obrigado/obrigada. E o senhor/a senhora/você/tu? [bäi obri'gadu/obri'gada. i u sö'njor/a sö'njora/wos'se/tu]
Auf Wiedersehen!	Adeus! [a'de-usch]

Auskunft
links — à esquerda [a ˈschkerda]
rechts — à direita [a diˈräita]
geradeaus — em frente [äi ˈfrent]
nah / weit — perto [ˈpärtu] / longe [ˈlongsch]
Bitte, wo ist ...? — Se faz favor, onde é ...?
[s fasch faˈwor ˈond‿ä]
Wie weit ist das? — Quantos quilómetros são?
[ˈkuantusch kiˈlommötrusch sau]

Panne
Ich habe eine Panne. — Tenho uma avaria. [ˈtenj‿um‿awaˈria]
Würden Sie mich bis zur nächsten Werkstatt abschleppen? — Pode rebocar-me até à oficina mais próxima? [ˈpodd röbuˈkarm‿aˈtä a ofiˈsina maisch ˈprossima]
Wo ist hier in der Nähe eine Werkstatt? — Há alguma oficina aqui perto?
[a alˈgum‿ofiˈsin‿aˈki ˈpärtu]

Tankstelle
Wo ist bitte die nächste Tankstelle? — Se faz favor, onde é a estação de serviço mais próxima?
[s fasch faˈwor ˈond‿ä a schtaˈsau dö sörˈwisu maisch ˈprossima]
Ich möchte ... Liter ... — Se faz favor, ... litros de ...
[s fasch faˈwor, ... ˈlitrusch dö ...]
... Normalbenzin. — ... gasolina normal. [gasuˈlina norrˈmal]
... Super. — ... súper. [ˈsupär]
... Diesel. — ... gasóleo. [gaˈsollju]
... bleifrei / verbleit. — ... sem chumbo / com chumbo.
[säi ˈschumbu/kong ˈschumbu]
... mit ... Oktan. — ... com ... octanas. [kong ... ockˈtanasch]
Volltanken, bitte. — Cheio, se faz favor.
[ˈscheju s fasch faˈwor]

Unfall
Hilfe! — Socorro! [suˈkoru]
Achtung! / Vorsicht! — Atenção [atenˈsau]
Rufen Sie schnell ... — Chame depressa ... [ˈscham döˈpräsa]
... einen Krankenwagen. — ... uma ambulância. [um‿ambuˈlangsja]
... die Polizei. — ... a polícia. [a puˈlisja]
... die Feuerwehr. — ... os bombeiros. [usch bomˈbäirusch]
Es war meine / Ihre Schuld. — A culpa foi minha / sua.
[a ˈkulpa foi ˈminja/ˈsua]
Geben Sie mir bitte Ihren Namen und Ihre Anschrift. — Pode dizer-me o seu nome e o seu endereço, se faz favor?
[podd diˈserm‿u se-u ˈnom‿i u se-u endöˈresu s fasch faˈwor]

ESSEN

Wo gibt es hier bitte ...	Pode dizer-me, se faz favor, onde há aqui ... ['podd di'sermö s fasch fa'wor ond‿a a'ki ...]
... ein gutes Restaurant?	... um bom restaurante? [ung bong röschtau'rant]
... ein nicht zu teures Restaurant?	... um restaurante não muito caro? [ung röschtau'rant nau 'muitu 'karu]
Gibt es hier eine gemütliche Kneipe?	Há aqui un bar/um café com um ambiente agradável? [a a'ki 'ung 'bar/ung 'kafä kong ung am'bjent‿agra'dawäl]
Reservieren Sie uns bitte für heute abend einen Tisch für 4 Personen.	Pode reservar-nos para hoje à noite uma mesa para quatro pessoas, se faz favor? ['podd rösör'warnusch 'para 'osch‿a 'noit 'uma 'mesa 'para 'kuatru pö'soasch s fasch fa'wor]
Auf Ihr Wohl!	À sua saúde! [a 'sua sa'ud]
Bezahlen, bitte.	A conta, se faz favor. [a 'konta s fasch fa'wor]
Hat es geschmeckt?	Estava bom? ['schtawa bong]
Das Essen war ausgezeichnet.	A comida estava excelente. [a ku'mida 'schtawa schsö'lent]

ÜBERNACHTUNG

Können Sie mir bitte ... empfehlen?	Se faz favor, pode recomendar-me ... [s fasch fa'wor 'podd rökumen'darmö]
... ein gutes Hotel	... um bom hotel? [ung bong ot'tal]
... eine Pension	... uma pensão? ['uma pen'sau]
Haben Sie noch Zimmer frei?	Ainda tem quartos livres? [a'inda täi 'kuartusch 'liwrösch]
ein Einzelzimmer	um quarto individual [ung 'kuartu indiwi'dual]
ein Zweibettzimmer	um quarto de casal [ung 'kuartu dö ka'sal]
mit Bad	com casa de banho [kong 'kasa dö 'banju]
... für eine Nacht.	... para uma noite. ['para 'uma 'noit]
... für eine Woche.	... para uma semana. ['para uma sö'mana]

PRAKTISCHE INFORMATIONEN

Arzt

Können Sie mir einen
guten Arzt empfehlen?

Pode indicar-me um bom médico?
['podd‿indi'karm‿ung bong 'mädiku]

Ich habe hier Schmerzen.

Dói-me aqui. ['doim‿a'ki]

Bank

Wo ist hier bitte ...
... eine Bank?
... eine Wechselstube?

Onde há aqui ... ['ond‿a a'ki]
... um banco? [u 'banku]
... uma casa de câmbio?
['uma 'kasa dö 'kambju]

Ich möchte ... DM (Schil-
ling, Schweizer Franken)
in Escudos wechseln.

Queria trocar ... marcos (xelins,
francos suíços) por escudos.
[kö'ria tru'kar ... 'markusch (schö'lingsch,
'frankusch 'suisusch) pur 'schkudusch]

Post

Was kostet ...
... ein Brief ...
... eine Postkarte ...
... nach Deutschland?

Quanto custa ... ['kuantu 'kuschta]
... uma carta ... ['uma 'karta]
... um postal ... [um pusch'tal]
... para a Alemanha? ['para‿alö'manja]

Zahlen

0	zero ['säru]		20	vinte ['wint]
1	um, uma [ung, uma]		21	vinte e um ['wint‿i 'ung]
2	dois, duas [doisch, duasch]		22	vinte e dois ['wint‿i 'doisch]
3	três [tresch]		30	trinta ['trinta]
4	quatro ['kuatru]		40	quarenta [kua'renta]
5	cinco ['sinku]		50	cinquenta [sin'kuenta]
6	seis [säisch]		60	sessenta [sö'senta]
7	sete ['sät]		70	setenta [sö'tenta]
8	oito ['oitu]		80	oitenta [oi'tenta]
9	nove ['noww]		90	noventa [nu'wenta]
10	dez [däsch]		100	cem [säi]
11	onze ['ons]		101	cento e um ['sentui ung]
12	doze ['dos]		200	duzentos [du'sentusch]
13	treze ['tres]		1000	mil [mil]
14	catorze [ka'tors]		2000	dois mil [doisch mil]
15	quinze ['kings]		10 000	dez mil [däsch mil]
16	dezasseis [dösa'säisch]			
17	dezassete [dösa'sät]		1/2	um meio [ung 'meju]
18	dezoito [dö'soitu]		1/3	um terço [ung 'tersu]
19	dezanove [dösa'noww]		1/4	um quarto [ung 'kuartu]

Ementa
Speisekarte

SOPAS	**SUPPEN**
Açorda [aˈsorda]	Brot-und-Knoblauch-Suppe
Caldo verde [ˈkaldu ˈwerd]	Portugiesische Kohlsuppe
Canja [ˈkangscha]	Hühnersuppe mit Reis
Sopa de legumes [ˈsopa dö löˈgumösch]	Gemüsesuppe
Sopa de peixe [ˈsopa dö ˈpäisch]	Fischsuppe
Creme de cenoura [ˈkräm dö söˈnora]	Karottencremesuppe

ACEPIPES	**VORSPEISEN**
Amêijoas com limão [aˈmäischuasch kong liˈmau]	Herzmuscheln mit Zitrone
Caracóis [karaˈkoisch]	Schnecken
Melão com presunto [möˈlau kong pröˈsuntu]	Melone mit Schinken
Pão com manteiga [pau kong manˈtäiga]	Brot und Butter
Salada de atum [saˈlada d aˈtung]	Thunfischsalat
Sardinhas em azeite [sarˈdinjas äi aˈsäit]	Sardinen in Olivenöl

PEIXE E MARISÇOS	**FISCH UND MEERESFRÜCHTE**
Amêijoas ao natural [aˈmäischuas au natuˈral]	Herzmuscheln Natur
Atum [aˈtung]	Thunfisch
Bacalhau com todos [bakaˈljau kong ˈtodusch]	Stockfisch garniert
Caldeirada [kaldäiˈrada]	Fischeintopf
Camarão grelhado [kamaˈrau gröˈljadu]	gegrillte Krabben
Cataplana [kataˈplana]	Gericht aus Muscheln, Fisch bzw. Fleisch, Paprika, Zwiebeln und Kartoffeln

Corvina grelhada [kur'wina grö'ljada]	gegrillter Rabenfisch
Dourada [do'rada]	Zahnbrasse
Ensopado de enguias [ensu'padu d_en'giasch]	Aaleintopf
Espadarte [schpa'dart]	Sägefisch
Filetes de cherne [fi'lätösch dö 'schärn]	Silberbarschfilets
Gambas na grelha ['gambasch na 'grelja]	gegrillte Garnelen
Lagosta cozida [la'goschta ku'sida]	gekochter Hummer
Lavagante [lawa'gant]	Languste
Linguado [lin'guadu]	Seezunge
Lulas à sevilhana ['lulas_a söwi'ljana]	gebackener Tintenfisch
Mexilhões de cebolada [möschi'ljoisch dö söbu'lada]	Miesmuscheln mit Zwiebeln
Pargo ['pargu]	Seebrasse
Peixe espada ['päischö_'schpada]	Schwertfisch
Perca ['pärka]	Barsch
Pescada à portuguesa [pösch'kad_a purtu'gesa]	Schellfisch auf portugiesische Art
Raia ['raja]	Rochen
Salmão [sal'mau]	Lachs
Sardinhas assadas [sar'dinjas_a'sadasch]	gegrillte Sardinen

CARNE E AVES — FLEISCH UND GEFLÜGEL

Bife à portuguesa [bif_a purtu'gesa]	Portugiesisches Rindersteak
Bife de cebolada ['bif dö söbu'lada]	Zwiebelsteak
Bife de peru ['bif dö pö'ru]	Truthahnsteak
Cabrito [ka'britu]	Zicklein
Carne de porco à Alentejana ['karn dö 'porku a alentö'schana]	Schweinefleisch mit Herzmuscheln
Carne na grelha ['karn na 'grelja]/ Churrasco [schu'raschku]	gegrilltes Fleisch
Coelho ['kuelju]	Kaninchen
Costeleta de porco [kuschtö'leta dö 'porku]	Schweinekotelett
Escalope à milanesa [schka'lopp_a mila'nesa]	Wiener Schnitzel
Escalope de vitela [schka'lopp dö wi'täla]	Kalbsschnitzel

Fígado de vitela ['fígadu dö wi'täla]	Kalbsleber
Frango assado ['frangu a'sadu]	gebratenes Hähnchen
Iscas ['ischkasch]	Leber
Lebre ['läbr]	Hase
Leitão assado [läi'tau a'sadu]	Spanferkelbraten
Língua de vaca ['linggua dö 'waka]	Ochsenzunge
Lombo de carneiro ['lombu dö kar'näiru]	Hammelrücken
Miolos de vitela ['mjolusch dö wi'täla]	Kalbshirn
Pato ['patu]	Ente
Perdiz [pör'disch]	Rebhuhn
Perna de vitela ['pärna dö wi'täla]	Kalbskeule
Pimentões recheados [pimen'toisch rö'schjadusch]	Gefüllte Paprikaschoten
Porco assado ['porku a'sadu]	Schweinebraten
Rins [ringsch]	Nieren
Rolinhos de carne [ru'linjusch dö 'karn]	Rouladen
Rosbife [rosch'bif]	Roastbeef
Sauté de rins [so'te dö ringsch]	Kalbsnierenbraten
Tripas ['tripasch]	Kutteln

LEGUMES / GEMÜSE

Batatas [ba'tatasch]	Kartoffeln
Beringelas fritas [böring'schälasch 'fritasch]	gebratene Auberginen
Bróculos ['brockulusch]	Brokkoli
Cogumelos [kugu'mälusch]	Pilze
Espargos ['schpargusch]	Spargel
Espinafres [schpi'nafrösch]	Spinat
Feijão verde [fäi'schau 'werd]	Schnittbohnen
Grelos ['grelusch]	Weißrübensproß
Pepinos [pö'pinusch]	Gurken

SOBREMESA / NACHTISCH

Arroz doce [a'rosch 'dos]	Milchreis
Compota de maçã [kom'potta dö ma'sang]	Apfelkompott
Gelado misto [schö'ladu 'mischtu]	gemischtes Eis
Leite creme ['läit 'kräm]	Karamelpudding
Maçã assada [ma'sang a'sada]	Bratapfel
Pêra Helena ['pera i'lena]	Birne Hélène
Pudim flan [pu'ding flang]	Karamelpudding
Sorvete [sur'wät]	Fruchteis
Tarte de amêndoa ['tartö d‿a'mendua]	Mandelkuchen

Lista de bebidas
Getränkekarte

LICORES, BRANDIES, AGUARDENTES E APERITIVOS	LIKÖRE, BRANNTWEINE, SCHNÄPSE UND APERITIFS
Medronho [mö'dronju]	Baumerdbeerschnaps
Ginjinha [sching'schinja]	Kirschlikör
Porto ['portu]	Portwein
Aguardente de figos [aguar'dent dö figusch]	Feigenschnaps
Bagaço [ba'gasu]	Tresterschnaps
Madeira [ma'däira]	Madeirawein

VINHO E CERVEJA	WEIN UND BIER
Vinho branco ['winju 'branku]	Weißwein
Vinho tinto ['winju 'tintu]	Rotwein
Vinho verde ['winju 'werd]	leichter Wein mit natürlicher Säure
Cerveja [ser'wescha]	Bier
Imperial [impö'rjal]	Bier vom Faß

BEBIDAS NÃO ALCOÓLICAS	ALKOHOLFREIE GETRÄNKE
Bica ['bika]	Espresso
Café (com leite) [ka'fä (kong 'läit)]	Kaffee (mit Milch)
Galão [ga'lau]	Milchkaffee im Glas
Garoto [ga'rotu]	Espresso mit Milch
Chá com leite/limão [scha kong 'läit/li'mau]	Tee mit Milch/Zitrone
Laranjada [larang'schada]	Orangeade
Limonada [limu'nada]	Limonade
Sumo de laranja ['sumu dö la'rangscha]	Orangensaft
Água mineral ['agua minö'ral]	Mineralwasser
com/sem gás [kong/säi gasch]	mit/ohne Kohlensäure